novum premium

Antonia Montenegro

... und am Ende des Tunnels ist Licht

novum premium

www.novumverlag.com

Bibliografische Information
der Deutschen Nationalbibliothek:

Die Deutsche Nationalbibliothek
verzeichnet diese Publikation in
der Deutschen Nationalbibliografie.
Detaillierte bibliografische Daten
sind im Internet über
http://www.d-nb.de abrufbar.

Alle Rechte der Verbreitung,
auch durch Film, Funk und Fernsehen,
fotomechanische Wiedergabe,
Tonträger, elektronische Datenträger
und auszugsweisen Nachdruck,
sind vorbehalten.

© 2015 novum Verlag

ISBN 978-3-903067-37-0
Lektorat: Mag. Nicole Schlaffer
Umschlagfotos: Antonia Montenegro,
Odina | Dreamstime.com
Umschlaggestaltung, Layout & Satz:
novum Verlag
Innenabbildungen:
Antonia Montenegro (6)

Die Ländernamen und
die Institutionen wurden geändert.

Gedruckt in der Europäischen Union
auf umweltfreundlichem, chlor- und
säurefrei gebleichtem Papier.

www.novumverlag.com

Ich war jenseits jeglicher Dimension von Zeit und Raum, als ich auf dem OP-Tisch lag. Ich fühlte, wie mein Körper aufstieg und über den Ärzten schwebte, die um mein Leben kämpften. Schöne Musik und goldfarbenes Licht hüllten mich ein und ich war von einem Glücksgefühl, wie ich es noch nie vorher erlebt hatte, durchströmt. Ich gelangte ohne Angst in einen dunklen Tunnel, den ich rasend schnell durchfuhr. Vor meinem geistigen Auge sah ich im Zeitraffer Bilder meines Lebens vorbeiziehen. Es waren Ereignisse, die mich wesentlich beeinflusst hatten, in meinem Bewusstsein kamen jedoch auch verschiedene Situationen zutage, die mir früher völlig unspektakulär erschienen waren, anscheinend aber großen Einfluss auf mein Dasein hatten.

Sehr bald war das Ende des Tunnels erreicht und ich sah wenige Meter vor mir eine prachtvolle Blumenwiese. Ich hatte das unendliche Bedürfnis, diese wunderschöne Anlage zu betreten, und wollte den Zaun überspringen, der mich von ihr trennte. Hinter dieser Absperrung sah ich hell gekleidete, freundliche Menschen, die grenzenlose Harmonie ausstrahlten. Magisch zog mich diese Atmosphäre an, doch als ich im Begriff war, den Zaun zu überklettern, gebot mir ein uralter Mann Einhalt. Er hatte Augen, die mich gütig anblickten. Der Alte schüttelte den Kopf und sagte: „Mein Freund, deine Zeit ist noch nicht gekommen, bei uns hier zu verweilen. In deiner Welt erwarten dich noch Aufgaben, die du erfüllen sollst."

Ich hörte wohl die Stimme des alten Mannes, war jedoch von solch einer starken Sehnsucht erfüllt, in diese friedliche, wundervolle Sphäre einzudringen, dass ich seinen Worten kein Gehör schenken wollte. Mit aller Kraft wollte ich mein Vorhaben zu Ende bringen, doch ich hatte keine Chance. Wie von einem unsichtbaren Magneten wurde ich zurückgerissen, raste durch den Tunnel zurück und spürte meinen Körper wieder. Heute weiß ich, dass es mein Abschied von der irdischen Welt gewesen wäre, wenn es mir möglich gewesen wäre, den Zaun zu überklettern.

Mit einem Schlag waren die unsäglichen Schmerzen wieder präsent und ich hörte die Ärzte sagen, dass ich keine Überlebenschance hätte. Die Mediziner meinten, den Kampf verloren zu haben, und verließen den Operationssaal. In diesem Moment begannen sich Traum und Wirklichkeit wieder zu vermischen, denn plötzlich hörte ich deutlich die Totenglocke läuten. Ein Arzt kam in Begleitung von zwei Flügelschwestern und stellte den Totenschein aus. Die Klosterfrauen beteten ein „Vater Unser" und ein „Gegrüßet seist du Maria", deckten mich mit einem Leintuch zu und brachten mich in eine Aufbahrungshalle, in der noch andere Tote lagen. Mich packte das nackte Entsetzen und ich stellte mir schon vor, lebendig begraben zu werden. In meinem Kopf wirbelten die Gedanken durcheinander und ich wusste, dass ich mich irgendwie bemerkbar machen musste, um deutlich zu machen, dass ich noch am Leben war. Es kann nur eine überirdische Macht gewesen sein, die mich dazu befähigte, meinen rechten Fuß von der Bahre abrutschen zu lassen. Die Klosterschwestern, die schon im Begriff waren, die Aufbahrungshalle zu verlassen, stießen einen Schrei aus und eilten auf mich zu. Als letztendlich diagnostiziert wurde, dass ich doch noch zu den Lebenden zählte, fiel mir ein Stein vom Herzen. So schön es auch in dieser – für mich noch unerreichbaren – Dimension gewesen sein mag, beruhigte mich doch der Gedanke, nicht bei lebendigem Leib begraben worden zu sein.

In dieser Phase durchlebte ich noch zahlreiche andere Albträume, die mir in diesem Moment als durchaus realistisch erschienen. Neben diesen Horrorvorstellungen hatte ich, wie sich später herausstellte, auch Vorausahnungen, die sich darin widerspiegelten, dass ich die Hochwasserkatastrophe, die Salzburg erst Jahre später erreichen sollte, bis ins kleinste Detail voraussah. Es gäbe noch eine Vielzahl von Reisen in andere Dimensionen, die mich tief erschüttert haben und vielleicht auch Einfluss auf mein späteres Leben genommen haben, auf die ich in diesem Buch jedoch nicht näher eingehen kann.

Es dauerte noch Wochen, wenn nicht sogar Monate, bis ich annähernd in die Realität zurückgeholt wurde. Die ersten Eindrücke waren schrille Geräusche, die in meinen Ohren schmerzten. Sie gingen von den vielen Monitoren aus, die mein Bett in der Intensivstation umringten. Aber nicht nur meines, auch die anderen zehn Betten in dem riesigen Saal waren von vielen sensiblen Überwachungsstationen umgeben. Alle paar Sekunden hörte ich wieder laute Geräusche, wenn erneut eines der Geräte eine Unregelmäßigkeit an den Körperfunktionen der Patienten entdeckte. Grelles Licht durchdrang unbarmherzig alles in diesem Raum – am Tag wie in der Nacht.

Mein Kopf war in ein eisernes Gestell gepanzert, das nicht die geringste Bewegung zuließ. Meine anderen Körperteile brauchte man nicht mit irgendwelchen Sicherungen zu stabilisieren, denn ich war vom Hals bis zu den Füßen vollständig gelähmt. Meine einzige Bewegungsmöglichkeit bestand darin, mit den Wimpern Aufwärts- und Abwärtsbewegungen zu vollziehen. An meinem Arm entdeckte ich einen Blutdruckmesser, der sich alle Augenblicke – so empfand ich das – selbsttätig aufblies. An einem Finger, der – wie die anderen auch – von den vielen Spritzen durchlöchert war, befand sich ein Pulsmesser. An meinem Körper waren noch viele Geräte und Infusionen angeschlossen und ich war von einem Team von Schwestern und Pflegern umgeben, das sich hingebungsvoll der Betreuung aller Patienten auf der Intensivstation widmete. Gerne hätte ich ihnen des Öfteren „Danke" gesagt, wenn sie mich anders lagerten, um damit ein Wundliegen zu verhindern und mir dabei gut zuredeten – was mir jedoch wegen meiner körperlichen Eingeschränktheit versagt blieb. Ich hatte einen Luftröhrenschnitt und konnte nicht sprechen. Einmal war ich so verschleimt, dass ich keine Luft mehr bekam. Die Kanüle, die den dickflüssigen, grünen Schleim absaugte, war verstopft. Just in diesem Moment waren die Schwestern und Pfleger anderweitig beschäftigt. Da ich weder durch Schreien noch durch heftige Handbewegungen die Aufmerksamkeit des Personals auf mich lenken konnte, blieb mir nur die Möglichkeit, auf ein Wunder zu hoffen, das mich vor dem sicheren Erstickungstod bewahrte.

Und wieder stand mir mein Schutzengel beiseite, diesmal in Gestalt einer Schwester, die auf mich zueilte und mich aus meiner misslichen Lage befreite. Heute, wo ich wieder klar denken kann, empfinde ich großen Respekt vor allen diensthabenden Menschen auf der Intensivstation, die nicht nur bloß „ihren Job machen", sondern mit großem Engagement und viel Hingabe für die Patienten da sind. Ein Mensch, der solch einen anspruchsvollen Beruf ausübt, muss wirklich dazu berufen sein. Ich war voll und ganz auf ihre Hilfe angewiesen, sogar meine Sauerstoffversorgung konnte nur durch eine Maske sichergestellt werden, meine Exkremente wurden von Windeln und Kathetern aufgesogen.

Ich glaube, dass ich den Blick auf meinen einstmals so sportlichen und durchtrainierten Körper, der zu dieser Zeit lediglich ein Wrack war, nur ertragen konnte, weil man mir viele Beruhigungsmittel verabreicht hatte. Auch meine Brust schmerzte fürchterlich, bedingt durch die beidseitige Lungenentzündung, und ich befand mich in einem ständigen Wechselbad zwischen Kälte- und Hitzeattacken.

Doch viel stärker als diese physischen Schmerzen waren die seelischen Qualen. Ich sah mich oft in Gedanken in einem Pflegeheim im Rollstuhl „abgestellt", unfähig, ab dem Hals nur die geringste Bewegung ausführen zu können. Ich zermarterte oft mein Gehirn, wie ich in diese für mich ausweglose Situation geraten war und lange Zeit konnte ich mich nur bruchstückhaft an die Geschehnisse erinnern.

Ich sah, wie sich mein Auto überschlug und in einen Bach stürzte. Von meiner Rettung durch Polizeibeamte, die zufällig hinter mir fuhren, hörte ich nur durch Erzählungen – jegliche Erinnerung daran ist in mir völlig ausgelöscht. Aber war ich wegen dieses schweren Unfalles mit Schädelhirntrauma in solch einer Verfassung? Ich grübelte und grübelte und manchmal hatte ich doch einen lichten Moment, in dem mir plötzlich zu Bewusstsein kam, dass ich nach diesem Unfall nach einem längeren Krankenhausaufenthalt einigermaßen wieder „zusammengeflickt" in den Alltag zurückgekehrt war. Die Erinnerungsstücke trafen wie Blitze mein Gehirn und mir fiel ein, dass ich schon früher immer unter Schmerzen gelitten hatte.

Ja, jetzt konnte ich es fast körperlich spüren: Bei Drehbewegungen im Bereich der Halswirbelsäule tat es fürchterlich weh! Damals wusste ich keinen anderen Rat, als mich an die Ambulanz der Neurochirurgie um Hilfe zu wenden. Dort wurde ich nochmals genau untersucht und es wurde festgestellt, dass bei mir schon seit Geburt eine Wirbelverengung mit Rückenmarksschädigung zwischen der Halswirbelsäule und dem Schädel bzw. zum Gehirn hin bestand. Durch den schweren Autounfall hatte sich die Situation derart verschlimmert, dass mir der Primar offenbarte, dass an einer Operation kein Weg vorbeiführte, diese jedoch von sehr großen Risiken begleitet sei. Da man mir ehrlich sagte, dass meine Überlebenschancen eher gering seien, willigte ich nicht in den schwerwiegenden Eingriff ein. Meine Schmerzen wurden durch antirheumatische Mischinfusionen gelindert und nach einigen Tagen wurde ich aus dem Krankenhaus entlassen.

Plötzlich sah ich wieder die schwarze Mauer vor mir, durch die ein Entrinnen schier unmöglich erschien. Ich konnte das Gefühl der Leere und Ausweglosigkeit wie damals spüren. Ich verfiel in starke Depressionen und beschloss, meinem Leben ein Ende zu setzen. Doch es ist gar nicht so einfach, aus dem Leben zu scheiden, wie man sich das vorstellt. Mein Versuch, mich in der Salzach zu ertränken, misslang ebenso wie der, mich vom Hotel Europa zu stürzen. Ich versuchte, meine seelische Instabilität durch übermäßigen Alkoholkonsum zu kompensieren und kam mit mir und der Welt nicht mehr klar und irrte wie ein einsamer Wolf ohne Lebensziel umher. Meine Seele weinte, ja sie schrie sogar so laut, dass ich mich über die Festungsstiege auf den Mönchsberg schleppte. Zusammengekauert starrte ich über die Böschung und wieder wurden mir Zeichen von einer höheren Macht gesendet, die das Schlimmste verhindern sollten. Es tauchte ein humpelnder, älterer Herr auf, dem man anmerkte, dass ihn jeder Schritt schmerzte. Es war, als wollte er mir deutlich zu verstehen geben: „Wenn du springst, bist du verkrüppelt wie ich – oder noch schlimmer dran." Das gab mir vorerst zu denken, dennoch hatte ich nicht die Kraft aufzustehen. Es begann zu regnen und es schien mir, als wäre ich mit meinem Kummer mutterseelenallein. Wie viele düstere Stunden mag ich wohl hier verbracht haben? Meine Kleidung war schon völlig durchnässt, als ich plötzlich wie aus heiterem Himmel eine warme, angenehme Stimme hörte, die zu mir sprach: „Sie sind nicht allein und ich helfe Ihnen. Bleiben Sie ganz ruhig." In diesem Moment tauchte ich in eine tiefe Ohnmacht ein und kam erst im Krankenhaus wieder zu mir. Den Namen meiner Retterin habe ich nie erfahren, ich bekam nur heraus, dass sie für Amnesty International arbeitete. Persönlich konnte ich mich nicht bei ihr bedanken, doch ich weiß, dass sie mir der Himmel geschickt hatte. Inzwischen hatte ich ja schon einige Erfahrungen mit übernatürlichen, hilfreichen Kräften gesammelt. Ich blieb einige Wochen auf der Station und wieder sah ich – wie durch Zufall – eine Bibel am Tisch liegen. Die Worte, die ich darin las, spendeten mir Kraft und Hoffnung und schon nach geraumer Zeit konnte ich dem Leben wieder positive Seiten abgewinnen.

Bald war ich wieder aus dem Krankenhaus entlassen und musste mich an das raue Leben „draußen" gewöhnen.

Um nicht wieder so tief abzustürzen suchte ich mir Freunde, mit denen ich mich regelmäßig traf. Mein Leben war wieder einigermaßen im Gleichgewicht. So konnte ich mich auch auf eine Silvesterparty freuen, die ich gemeinsam mit meinen Freunden feierte.

Meine Laune war gut und ich beschloss, zu Mitternacht ins Freie zu gehen, um das Feuerwerk zu sehen. Womit ich aber nicht gerechnet hatte, war ein Blitzeis, das sich in Sekundenschnelle bildete und ehe ich mich versah, stürzte ich auf den Asphalt. Mit viel Mühe schaffte ich es aufzustehen und ich wusste instinktiv, dass ich mich wieder in Gefahr befand. In meinen Händen und Füßen spürte ich ein starkes Kribbeln, das in ein Gefühl der Taubheit meiner Gliedmaßen überging. Es lief alles in Sekundenschnelle ab, und von einem Moment auf den anderen war die Rettung da und brachte mich wieder auf die neurochirurgische Station in der Salzburger Christian-Doppler-Klinik. Als ich dort ankam, waren schon alle Vorbereitungen für eine Stabilisierungsoperation im Bereich der Halswirbelsäule getroffen worden.

Nun hatte ich keine Wahl mehr, die Situation war lebensbedrohlich. Der Primar und sein Team kämpften um mein Leben und führten den Eingriff durch. Dieser brachte jedoch nicht den vollen Erfolg, sodass man sich im Anschluss zu einer Densresektion entschloss. Dazu eine kurze Erläuterung: Der erste Halswirbel ist der Atlas, der zweite Halswirbel heißt Axis. Der Dens (=Zahn) stabilisiert den Atlas. Durch die Entfernung (Resektion) des „Zahnes" wurde die Halswirbelsäule instabil. Von meinem Becken wurde ein Span entnommen, um gemeinsam mit 10 cm langen und 1 cm dicken Titanschrauben die Halswirbelsäule zu stützen.

Das waren sie, meine Erinnerungen, von denen – nach und nach – immer wieder nur kurze Szenen in mein Bewusstsein drangen, als ich aus meinem mehrwöchigen Tiefschlaf erwachte und ich auf der Intensivstation – in dem schon vorher beschriebenen äußerst kritischen Zustand, den zahlreiche Komplikationen verursacht hatten – langsam begriff, was es heißt, ein Krüppel zu sein. Man ließ mich das auch deutlich spüren, denn als anlässlich einer Visite mehrere Ärzte vor meinem Bett standen und ich die Augen geschlossen hatte, hörte ich einen sagen: „Da brauchen wir uns nicht aufzuhalten, das wird sowieso ein Pflegefall." Mit dieser Aussage schien mein weiteres Schicksal endgültig besiegelt zu sein, doch ich konnte mich ja nicht bemerkbar machen und ich glaube, es merkte niemand, dass mir in diesem Moment Tränen über meine Wangen herunterliefen. Es durfte mich auch niemand besuchen, der einzige Trost waren für mich die aufmunternden Worte des Pflegepersonals. In dieser Lebensphase sehnte ich mich sehr oft nach der prächtigen Blumenwiese in der Sphäre außerhalb alles Irdischen und konnte einfach nicht verstehen, warum mir der alte Mann den Zutritt zu dieser Seligkeit versagt hatte.

Nachdem ich einige Wochen im Tiefschlaf verbracht hatte und die Ärzte auf der Intensivstation ihr Möglichstes getan hatten, um mir trotz all der eingetretenen Komplikationen das nackte Leben zu erhalten, wurde ich am 17. April 2001 auf die Akut-Rehabilitationsstation verlegt. Mein Körper war noch immer fast vollständig gelähmt und damit meine Atmung wieder halbwegs funktionierte, wurde ein Luftröhrenschnitt durchgeführt. Es wurde ein Therapieplan erstellt, der Logopädie, Physiotherapie und psychologische Betreuung umfasste. Trotz des Einsatzes der drei Therapeutinnen konnte keine Besserung meines Allgemeinzustandes erreicht werden. Ich war durch das Trachestoma, die Lungenentzündung und der Wundsepsis noch viel zu sehr gehandicapt, um neue Selbstheilungskräfte zu entwickeln. Ich litt an heftigen Kopfschmerzen und man kam zu der Erkenntnis, dass eine Therapie auf der Rehabilitationsstation noch verfrüht sei. So wurde ich nach circa einer Woche wieder auf die neurochirurgische Intensivstation transferiert. Dort wurde der Luftröhrenschnitt geschlossen und das Drama nahm neuerlich seinen Lauf. Das äußerte sich derart, dass beim Schlucken von Flüssigkeit dieselbe aus meiner Operationswunde austrat. Eine Korrektur, die eine neue Tortur für mich bedeutete, wurde in der Art vorgenommen, dass auf der Hals-Nasen-Ohren-Station ein neuerlicher Luftröhrenschnitt vorgenommen werden musste und das Trachestoma unmittelbar nachher durch eine neuerliche Operation wieder verschlossen wurde. Mein Leidensweg sollte anscheinend kein Ende finden.

So saß ich tagein, tagaus kaum bewegungsfähig im Rollstuhl, und weil sich überhaupt keine Besserung einstellte, schwand meine Zuversicht mehr und mehr. Die beidseitige Lungenentzündung verursachte einen dauernden stechenden Schmerz im Brustbereich. Und wieder einmal waren die Ärzte am Ende ihrer Weisheit und hielten mich in der Intensivstation für besser aufgehoben. Diese bestand aus einem Zimmer mit vier Betten und ich fühlte trotz meines miserablen Gesundheitszustandes die familiäre Atmosphäre, die davon ausging. Die geringe Bettenkapazität ermöglichte eine noch intensivere Betreuung. Da ich bedingt durch den Luftröhrenschnitt an Schluckbeschwerden litt und mein seelischer Zustand nicht gerade appetitfördernd war, brachte ich kaum einen Bissen hinunter.

Man tat wirklich alles, damit ich wieder zu Kräften kam – die Diätassistentin besuchte mich und erkundigte sich, was mein Lieblingsessen sei, nur damit mir wieder ein bisschen Nahrung zugeführt werden konnte. Trotz meines schlechten Allgemeinzustandes spürte ich das Entgegenkommen, das von allen Mitarbeitern der Station ausstrahlte. Ich durfte eine Woche auf dieser Abteilung bleiben, wurde danach jedoch wieder auf die Rehabilitationsstation der Neurochirurgie gebracht. Schließlich wollte man erreichen, dass durch die Spezialisten in der Neurochirurgie meine Arme und Beine wieder funktionstüchtig wurden. In dieser schweren Zeit hatte ich jedoch verlernt, auf so etwas wie ein Wunder zu hoffen.

Mit physiologischer und psychologischer Betreuung versuchte man meine körperlichen und seelischen Wunden zu heilen. Da jedoch nicht einmal ein Funke von Besserung in mir aufglühte, fiel ich in eine tiefe Depression, hatte an gar nichts mehr Interesse und die einzige Kraft, die noch in mir verblieben war – um das nackte Leben zu kämpfen – wurde merklich schwächer. Selbstverständlich blieb auch den Ärzten mein Absturz in das tiefe schwarze Loch nicht verborgen. Wieder folgte ein Tapetenwechsel, diesmal wurde ich auf der Psychiatrischen Abteilung einquartiert. Neben der ärztlichen Verordnung zur Einnahme unzähliger Pillen musste ich auch etliche Untersuchungen und Tests über mich ergehen lassen. Es stellte sich heraus, dass mein Kurzzeitgedächtnis schwer in Mitleidenschaft gezogen worden war. Dieser Umstand führte zur völligen Entmündigung, die auch die Abnahme meines Führerscheines zur Folge hatte. Verständlicherweise sank mein Stimmungsbarometer trotz der vielen Tabletten weit unter Null.

Meinen einzigen Lichtblick sah ich darin, dass ich tagsüber auf die Rehabilitationsstation zur Therapie im Rollstuhl chauffiert wurde. Man versuchte mich – im wahrsten Sinn des Wortes – wieder „auf die Beine zu bringen", doch die Bemühungen der Therapeuten fruchteten lange nicht.

Eines Tages passierte es jedoch, das Außergewöhnliche. Ganz deutlich vernahm ich eine innerliche Stimme, die mir befahl: „Steh auf, denn du **kannst** gehen." Natürlich hielt ich dies anfangs für ein Hirngespinst, doch die innere Eingebung war stärker. Ich versuchte, aus dem Rollstuhl aufzustehen, doch ehe ich mich versah, fiel ich zu Boden. Die

Therapeutinnen eilten mir zu Hilfe, doch ich vertraute auf die wundersame Stimme in mir. Sie gab mir so viel Kraft, dass ich nach meinem Sturz aus dem Rollstuhl wie ein Kleinkind zum nächstgelegenen Therapiegerät robbte. Ungläubig sahen mir die Betreuer zu und auch mir kam es wie ein Wunder vor, dass meine Arme und Beine nicht mehr ganz bewegungslos an mir herunterhingen. Ich konnte sie wieder bewegen! Es war solch ein unendliches Glücksgefühl, das mich durchströmte, und als ich doch einige Meter allein kriechend zurückgelegt hatte, sank ich erschöpft – aber mit Freudentränen in den Augen – ganz in mich zusammen.

Es gab eine Mitpatientin namens A. auf der Station, die besonders mit mir mitfühlen konnte und das Schicksal hatte sich ausgedacht, dass diese Frau in einer späteren Lebensphase noch eine Rolle spielen sollte.

Langsam aber sicher besserte sich mein Allgemeinzustand und für mich war es der richtige Zeitpunkt, um in einem speziell auf meine Bedürfnisse abgestimmten Haus weitere Fortschritte zu machen. Es wurde Bad Häring in Tirol in Erwägung gezogen, doch für einen Transport im Krankenwagen war es doch noch verfrüht, da die Ärzte meinten, dass mein Körper für die heftigen Vibrationen, die solch eine Fahrt mit sich bringt, noch zu instabil wäre. So wurde ich in das nahe gelegene Akut-Rehabilitationszentrum für Schlaganfall- und Herzpatienten gebracht. Von der wunderschönen Umgebung in diesem Kurort hatte ich erst einmal nichts, da meine Therapien alle im Haus durchgeführt wurden.

Ich durfte für mich sehr wohltuende Gespräche mit überragenden Kapazitäten der Medizin führen und man versuchte, die vielen Tabletten auf das für mich angebrachte Minimum zu reduzieren. Die Stärkung meines Körpers und meines Geistes wurde durch Unterwassertherapie, Logopädie und Gedächtnistraining gefördert.

Es machte mir nichts aus, fast keinen Besuch zu bekommen, denn ich wollte nur ein Ziel erreichen: endlich wieder gesund werden. Mir erschien die Fähigkeit, mit anderen Mitpatienten Karten zu spielen, wie ein schöner Traum – ich konnte ja jetzt meine Arme und Hände bewegen. Durch hartes Training gelang es auch, die Muskeln an den Beinen wieder zu stärken, die sich durch meine lange Bewegungsunfähigkeit stark zurückgebildet hatten.

An einem schönen Augustnachmittag besuchte mich A., die ich auf der Psychiatrie kennengelernt hatte, um sich nach meinem Befinden zu erkundigen. Ich freute mich riesig sie zu sehen, und plötzlich hörte ich mich sagen: „Hättest du in deiner Wohnung ein Zimmer für mich frei?" Wir verstanden uns gut miteinander und ich war nicht überrascht, dass sie mir die Zusage gab, bei ihr als Untermieter einziehen zu dürfen.

Ich freute mich sehr auf den neuen Lebensabschnitt, zumal ich mich wieder fortbewegen konnte, natürlich sehr eingeschränkt, doch ich hatte das Gefühl, nun wieder als Mensch in seiner Rehabilitationsphase – und nicht als ein „Krüppel" betrachtet zu werden. Ich genoss es richtig, aufrecht gehen zu können. Zu welchem wertvollen Gut wird doch die Gesundheit, wenn man sie erst einmal verloren hat!

Ich bin noch heute sehr dankbar für die in zweierlei wertvolle Unterstützung in meinem neuen „Zuhause": Es wurde mir vom mobilen Hilfsdienst eine tüchtige Haushaltshilfe zur Verfügung gestellt und eine Psychologin, Frau Mag.a J., besuchte mich wöchentlich. Mit ihrer Gesprächstherapie half sie mir, mich ein gutes Stück in meiner Persönlichkeit weiterzuentwickeln und wieder Selbstvertrauen zu erlangen. Um nicht den ganzen Tag sinnlos zu verbringen, nutzte ich den guten Tipp, der mir von Mitarbeitern der Psychiatrie gegeben wurde, meine Zeit im Harmoganaclub zu verbringen. Ich erhielt in dieser „Einrichtung für Psychiatrieerfahrene" nicht nur ein sehr preisgünstiges Mittagessen, sondern auch sehr nützliche Hinweise für billiges Einkaufen.

Das Wichtigste war jedoch der Erfahrungsaustausch mit vielen Menschen, denen im Leben auch schon einiges widerfahren war, das sie noch nicht verarbeitet hatten. Ihnen und mir standen ein Psychologe, eine Sozialarbeiterin und ein Team von Betreuern zur Bewältigung von verschiedensten ungelösten Problemen beiseite. Ich wurde im Club gut aufgenommen und fühlte mit den Erlebnissen der anderen Besucher mit. Für mein seelisches Wohl sorgten wiederum gute Zuhörer, mit deren Hilfe ich meine Lebensgeschichte aufarbeiten konnte, indem ich ihnen viel davon erzählte.

Meine gravierendsten Kindheitserlebnisse und das, was ich als junger Mann erleben durfte, möchte ich auch den Lesern dieses Buches nicht vorenthalten und widme diesen Geschehnissen ein eigenes Kapitel:

Meine Geburt und die ersten Lebensjahre

Damit Sie mich besser verstehen können, komme ich zu meinen Wurzeln zurück und erzähle am besten von meiner Großmutter, die vorerst indirekt, aber doch sehr wesentlich zur Prägung meines Lebens beigetragen hat. Sie war im Salzburgerischen Pinzgau als Magd tätig und absolut nicht glücklich, als sie merkte, dass ein Kind in ihr heranwuchs. Die Zeiten für ledige Mütter waren damals alles andere als rosig. Für die Kinderbetreuung eines „Balges", wie man ein Kind, das keinen Vater hatte, der sich zu ihm bekannte, zu nennen pflegte, blieb keine Zeit. Da das kleine Wesen niemand „belästigen" sollte, wurde es der Einfachheit halber ruhig gestellt. Den besten Erfolg erzielte man, wenn man diese unerwünschten Zeiträuber an einem Schnuller nuckeln ließ, der vorher in Schnaps getaucht worden war. So schliefen die Kleinen friedlich dahin und ihre Gehirnzellen wurden systematisch zerstört. Doch darauf durfte man als Magd keine Rücksicht nehmen. Es war ja ohnedies schon genug, wenn man sich die Zeit zum Füttern oder Wickeln stehlen musste. Es ist nun sicherlich für jedermann verständlich, dass Jahre später bei meiner Mutter eine geistige Behinderung von 50 Prozent attestiert wurde.

Doch schon als sie dem Babyalter entwachsen war, bemerkte man bald, dass diese Maria, wie meine Mutter getauft wurde, ein geistiges Handicap aufwies – den wahren Grund dafür wollte niemand wahrhaben. So wurde dieses „Tschapperl" in eine nahegelegene Sonderschule gesteckt. So wie eine kränkliche Pflanze zu einem gesunden Wachstum der Sonne und Pflege bedarf, hätte auch meine Mutter besondere Zuwendung und Aufmerksamkeit gebraucht, um ihren schon ohnedies stark geschädigten Geist und Körper entfalten zu können. Sie wiederholte einige Stufen der Sonderschule und war die schlechteste Schülerin in der gesamten Anstalt. Trotzdem vergingen die Jahre und Maria reifte zu einem jungen Mädchen heran.

Meine Großmutter hatte in der Zwischenzeit einen jungen Amerikaner, einen ehemaligen Soldaten, der sich dafür entschieden hatte, in Österreich zu bleiben, kennengelernt. Die beiden heirateten und zogen in einen Ort, wo beide Arbeit fanden. Als sie genug Geld gespart hatten, um sich eine kleine Baracke zu kaufen, die Frank H. zu einem gemütlichen Häuschen umbaute, nahmen sie auch meine Mutter bei sich auf. Das Kind freute sich sehr, endlich bei seiner Mutter zu sein und wurde auch von seinem Stiefvater streng aber gerecht behandelt. Maria bekam einen geschützten Arbeitsplatz im Landeskrankenhaus und wusch das Geschirr auf der Chirurgischen Abteilung. Zu dieser Zeit war für meine Mutter die Welt in Ordnung. Jeder der drei Familienangehörigen verrichtete seine Arbeit und abends wurde der Haushalt von Mutter und Tochter in Schuss gehalten. Für Maria stellte sich das glückselige Gefühl ein, zu etwas nützlich zu sein. Sie genoss diesen Lebensabschnitt und entwickelte sich zu einer feschen Frau, der man ihr geistiges Defizit auf den ersten Blick gar nicht anmerkte.

Als das Ehepaar H. gemeinsam noch ein Mädchen namens Elisabeth bekam, änderte sich die Situation jedoch sehr zum Nachteil der fast erwachsenen Tochter. Der stolze Vater, der nun ein eigenes Kind hatte, behandelte dieses wie eine Prinzessin. Meine Mutter wurde in die Rolle des „Aschenputtels" gedrängt und musste die „kleine Göttin" bedienen. Schon im frühesten Kindesalter verstand es Elisabeth, ihrer Halbschwester das Leben zur Hölle zu machen. Alles, was die Kleine befahl, musste die Große erledigen und konnte ihrer „Gebieterin" kaum etwas recht machen. Leider Gottes wurde dieses ungesunde Klima von Frank noch unterstützt, denn seine kleine Prinzessin war sein Ein und Alles. In meiner Großmutter, die froh war, einen Ernährer für ihre Familie gefunden zu haben, fand ihr lediges Kind keine Fürsprecherin. Wenn sie müde am späteren Nachmittag von der Arbeit im Krankenhaus nach Hause kam, gebot man ihr sofort Holz zu holen, Geschirr zu spülen, sich um die Wäsche zu kümmern und das Häuschen sauber zu machen. Nur an manchem Sonntag gestattete man ihr die Freiheit, mit ihrer Mutter zu einer Nachbarin zu einer Kaffeejause zu gehen oder eine Tanzveranstaltung zu besuchen. Das waren die wenigen Augenblicke im Leben dieser jungen, gedemütigten Frau, in denen sie aufblühte. Es war ganz natürlich, dass sich junge Männer um meine Mutter bemühten, doch sie hatte weder Zeit noch Lust, mit ihnen auszugehen.

Eine göttliche Fügung wollte es jedoch, dass sich auch Maria in einer unbewachten Stunde der Liebe zu einem Mann ganz hingab. Die Verwandtschaft wunderte sich zwar ein bisschen, dass die Frau trotz der vielen Arbeit immer rundlicher wurde, aber auf den Gedanken, dass sie bald ein Kind gebären könnte, kam lange niemand. Als sich die Schwangerschaft jedoch nicht mehr verbergen ließ, waren alle entsetzt. Wie konnte dieses Wesen, das in den Augen der Familie nur einen sehr geringen Stellenwert hatte, auch noch einen Balg in die Welt setzen, der nur Arbeit machte! Ihr Stiefvater Frank war derart verzweifelt, dass er lieber sterben wollte, als mit meiner werdenden Mutter und ihrer „Brut" auf diesem Planeten zu existieren. Das Gift, das er zu sich nahm, konnte noch rechtzeitig neutralisiert werden. Es blieb ihm nichts anderes übrig, als sich mit der für ihn verheerenden Situation abzufinden. Meine Mutter war in den Wochen vor meiner Geburt Schimpf und Schande ausgesetzt. Als sie plötzlich Schmerzen im Unterleib verspürte, flüchtete sie ins Badezimmer. Ihr

Wimmern war jedoch unüberhörbar, deshalb wollte meine Großmutter nach dem Rechten sehen und musste mit Entsetzen feststellen, dass schon starke Wehen eingesetzt hatten. Meine Großmutter rief so schnell sie konnte die Rettung an und mit Gottes Hilfe schafften wir es, dass ich in der Frauenklinik und nicht in der Rettung das Licht der Welt erblickte. Mama hatte etwas Großartiges geschafft – sie hatte einem gesunden Kind das Leben geschenkt.

Im Krankenhaus wurden wir beide gut versorgt und als meine Großeltern den unschuldigen, kleinen Kerl sahen, der ich damals war, öffnete sich ihr Herz und sie brachten mir so gut, wie sie konnten, fast etwas wie Liebe entgegen. Auch war Mama mächtig stolz darauf, dass sie einen gesunden, süßen Buben im Arm halten durfte. Leider war sie durch ihre geistige Behinderung nicht in der Lage, sich wie eine richtige Mutter um mich zu kümmern.

So wuchs ich bei meiner Großmutter und ihrem Mann zu einem lebhaften, aufgeweckten Kind heran. Ich kann mich nicht erinnern, dass sie mich jemals schlecht behandelt hätten, aber anscheinend hatten sie doch zu wenig Zeit und Geduld, um sich um mich zu kümmern. Sonst wäre nicht eines Tages die „Tante" vom Jugendamt zu mir gekommen, die mir erzählte, dass ich nun bei vielen lieben Kindern wohnen dürfe. Man packte kurz entschlossen meine Sachen und ich wurde im Alter von vier Jahren von der Fürsorge in ein von Ordensschwestern geführtes Kinderdorf gebracht. Man ließ mir keine Zeit nachzudenken, trotzdem kapierte ich schon in diesem Alter, dass ich meine Mutter und Großmutter nur noch „alle heiligen Zeiten" sehen durfte. Selbstverständlich litt ich unter der Trennung und es fiel mir anfangs sehr schwer, mich der Führung der geistlichen Schwestern unterzuordnen. Man kann sich im Leben jedoch fast mit allem abfinden und ich entwickelte mich zwar behütet, jedoch ohne

Liebe zu bekommen, zu einem Schuljungen und besuchte in St. R. die Sonderschule. Mir wurde dieser Platz aufgrund der Behinderung meiner Mutter zugewiesen, weil man annahm, dass „der Apfel ohnedies nicht weit vom Stamm fällt".

Die Schulschwestern erkannten jedoch recht bald, dass bei mir keine geistigen Defizite vorlagen. Sie förderten mich nach bestem Wissen und Gewissen und ich durfte aufgrund meiner Fähigkeiten sogar eine Klasse überspringen. Ich gewann einige neue Freunde und dadurch erschienen mir das Beten und die Kirchendienste von früh bis spät nur halb so schlimm. Es galt als besondere Auszeichnung, dass ich bei der Messe, die der Erzbischof einmal im Monat zelebrierte, ministrieren durfte. Noch größeres Herzklopfen empfand ich jedoch, als ich zu Ehren des Besuches des Bundespräsidenten ein Gedichtchen aufsagen durfte. Ich schaue mir noch jetzt gerne die Fotos an, auf denen man den kleinen, schüchternen Buben mit zünftiger Lederhose und Trachtenhut ehrfurchtsvoll zu dem damaligen Staatsoberhaupt aufblicken sieht.

Außerhalb der Unterrichtszeiten und des Ministrierens durften wir uns unter Aufsicht einer Schwester im Birkenwald austoben oder auch Schifahren gehen. Ich knüpfte im Heim nicht nur meine ersten zaghaften sozialen Kontakte, es wurden mir auch Ordnung und Disziplin gelehrt. Damals empfand ich Letzteres als nicht besonders angenehm, heute bin ich jedoch froh, solche Fähigkeiten zu besitzen. Ich darf den Schwestern für vieles dankbar sein, auch dafür, dass man sich sehr dafür einsetzte, dass ich in Salzburg den Hauptschulabschluss absolvieren konnte. Dies bedeutete, von St. R. Abschied zu nehmen. Ich erlebte ihn mit einem lachenden und einem weinenden Auge. Natürlich war die Freude groß, wieder bei meinen Großeltern leben zu dürfen – andererseits fühlte ich einen Schmerz in mir aufkeimen, dass ich meine Freunde und das Kinderdorf, in dem ich mich mittlerweile gut eingelebt hatte und das mir sehr vertraut war, verlassen musste.

Somit brach für mich wieder ein neuer Lebensabschnitt an. In der Hauptschule war ich mit Materien konfrontiert, die für mich völlig neuartig waren. Ich betrachtete den Unterricht in Physik, Chemie und Mathematik als Herausforderung und lernte nachmittags im Hort recht eifrig, sodass ich den Hauptschulabschluss mit Erfolg bestand.

Meine Sturm- und Drangzeit

Wieder zu Hause, versuchte ich natürlich auch dort, Anschluss an die Jugendlichen meines Alters zu finden. Anfangs fiel mir das schwer, weil ich nirgends akzeptiert und als „Heimkind" verspottet wurde. Aber langsam wurde ich doch auch von denen geachtet, die mich als Kind, das noch nicht schwimmen konnte, in einen Teich geworfen hatten. Der Respekt wuchs, weil ich mich von dem verletzlichen, zarten Buben, der ich einstmals gewesen war, zu einem großgewachsenen, kräftigen Pubertierenden entwickelt hatte.

Hinter mir stand auch mein großer Freund F., ein Nachbar von uns, der mich notfalls auch mit seinen Fäusten gegen die seelischen und körperlichen Angriffe der eingesessenen Dorfbuben verteidigte. Ich konnte zu ihm vertrauensvoll – wie zu einem Vater, den ich immer vermisst und plötzlich gefunden hatte – aufblicken. Er hatte zwar eine raue Schale, aber ein Herz wie ein Bergwerk. Das gab mir große Sicherheit, und als ich mich um die Stelle für eine Glaserlehre bewarb, wurde ich sofort im Betrieb aufgenommen. Die Arbeit gefiel mir gut und die zwei Monate im Jahr, die ich in der Glasfachschule in Tirol verbringen durfte, sind mir besonders positiv in Erinnerung geblieben. Dort lernte ich die Kunst des Glasblasens und der Gravur, auch mit Bauverglasungen wurde ich vertraut gemacht. Ich war mit vielen Jugendlichen beisammen und neben der „Pflicht" hatten wir auch noch genug Spaß. Leider war diese unbeschwerte Zeit bald vorüber, denn kurz vor meiner Lehrabschlussprüfung wurde der Betrieb, in dem ich arbeitete, geschlossen, da sich kein Nachfolger fand, der die Firma übernehmen konnte.

Da ich Tirol von seiner schönsten Seite kennengelernt hatte, beschloss ich, mich in diesem wunderbaren Umfeld um eine neue Stelle zu bewerben, bei der man auch etwas verdienen konnte. Mit meiner Lehrlingsentschädigung konnte ich mir ja nur einen Bruchteil der Wünsche erfüllen, die einem Teenager im Kopf herumspuken. In der Zwischenzeit war ja aus dem Knäblein schon ein großgewachsener junger Mann geworden, dem man ansah, dass er kräftig zupacken konnte.

Das Glück war mir hold und ich bekam einen Job als Bar- und Schankkellner in einem Sporthotel in Tirol. Die Arbeit war zwar hart, da ich tagsüber hinter der Schank stand und die Getränke für die Kellnerinnen herrichtete und abends die Bar schaukelte oder als Türsteher ungebetenen Gästen den Eintritt verwehrte, aber es lohnte sich für mich, so viele Stunden im Hotel zu verbringen. An meinen freien Tagen fand ich auch kaum Zeit für Muße, da ich meine neugewonnene Selbstständigkeit in vollen Zügen genoss. Nach Dienstende zog ich mit meinen Kollegen durch die vielen Bars und Gasthäuser und es floss eine Menge Alkohol. Ich fühlte mich stark wie ein Bulle, wenn ich zu viel getrunken hatte, und trat trotzig und protzig auf. So saß ich eines freien Abends mit meinen Kollegen zusammen. Wir tranken Raki und meine Wahrnehmungsfähigkeit war stark eingeschränkt. In diesem Zustand hielt ich mich für unschlagbar und wollte – um zu beweisen, wie stark ich war – ein Messer mit voller Wucht in ein Holzbrett stechen. Ich verfehlte jedoch mein Ziel und statt des Brettes traf ich drei meiner Finger, die ich fast durchtrennte. Das Messer durchschnitt meine Sehnen und Nerven und meine Finger hingen wie die einer Marionette herab. Durch den Schock empfand ich in diesem Moment keinen Schmerz. Meine Kollegen packte das Entsetzen und sie riefen sofort die Rettung an. Die Kunst der Ärzte machte es möglich, dass meine Finger in einer schwierigen Operation wieder zusammengeflickt wurden, doch mit der Arbeit im

Sporthotel war es vorbei. Ich bekam von der Chefin meine Abrechnung ausbezahlt und wurde, nachdem mir ein Spaltgips verpasst wurde, in das Landeskrankenhaus nach Salzburg überstellt.

Meine Großmutter wurde telefonisch über meinen Verbleib informiert und war verzweifelt, dass ich meine Stelle verloren hatte, aber sie nahm mich wieder auf. Die lange Periode meines Krankenstandes war für mich kaum erträglich, weil ich meine rechte Hand zu nichts gebrauchen konnte und ich nur wenige Tätigkeiten selbstständig ausführen konnte. Ich musste viel üben, um meine Finger wieder langsam bewegen zu können und lernte dies nur langsam in zahlreichen Therapien. Doch die Mühen blieben nicht unbelohnt und eines Tages waren meine Finger wieder bewegungsfähig. Auch aus dieser misslichen Lage kam ich mit einem „blauen Auge" davon und wieder hatten meine Schutzengel (ich bin überzeugt, dass es mehrere sind, denn selbst Engel geraten an ihre Grenzen und nur ein Engel käme mit mir wahrscheinlich nicht zurecht) gut über mich gewacht. Schließlich machte ich solche Fortschritte, dass ich mich bald auf Arbeitssuche begeben konnte. Ich wollte wieder ins Gastgewerbe, weil ich wusste, dass die kärglichen Löhne durch Trinkgeld gut aufgebessert werden.

Ich arbeitete als Hausbursch und Kellner im Hotel G. und war sehr stolz, dass mir der damals amtierende Landeshauptmann des Öfteren ein großzügiges Trinkgeld zusteckte. Leider war das Verhältnis zwischen mir und meiner aggressiven Chefin gar nicht gut. Sie beleidigte mich mehrmals und sparte nicht mit Schimpfwörtern, nur an meinem Lohn.

Eines Tages wurde mir alles zu viel – ich verlor durch den Megastress die Nerven und nahm einen Bus mit vielen Gästen nicht an. Das passte meiner Chefin überhaupt nicht und sie entließ mich auf der Stelle.

Es erfüllte mich mit Traurigkeit, keiner Beschäftigung nachzugehen. Ich lag meiner Großmutter wieder auf der Tasche, was ich auch deutlich zu spüren bekam. So trieb ich mich tagsüber oft in der Stadt herum und wiederum kreuzte rein „zufällig" ein älterer Herr meinen Weg, mit dem ich mich über meine Probleme unterhalten konnte. Bald wurden wir Freunde und Herbert lud mich zu sich ein. Wir gingen oft aus und amüsierten uns. Die Gesellschaft meines neuen Freundes war wie Balsam auf den Wunden meiner Seele. Ich hatte wieder eine Bezugsperson gefunden – deshalb wollte ich in der Nähe von Herbert bleiben. Nichts zog mich nach Hause zurück. Der Besitzer eines neueröffneten Restaurants in P. suchte einen Schankkellner und ich suchte Arbeit. So kamen wir nach einem längeren Gespräch ins Geschäft und ich bekam vorerst einen Job als Schankkellner. Weil sich mein Chef felsenfest auf mich verlassen konnte, wuchs das Vertrauen in mich und manchmal übertrug er mir die „Schlüsselgewalt". Ich konnte das Lokal nach meinem Ermessen bis in die Morgenstunden offen halten und genoss das Vertrauen. Dies motivierte mich so stark, dass ich überall, wo Not am Mann war, einsprang. Mir war keine Arbeit zu minder, so schuftete ich sieben Tage in der Woche von zehn Uhr am Vormittag bis zwei Uhr in der Früh. Ich erledigte vom Boden schrubben bis zur Endabrechnung alles.

Obwohl ich kaum Zeit für persönliche Interessen hatte, stach mir eine Frau der Stammgäste besonders ins Auge und nahm auch innerhalb kürzester Zeit einen festen Platz in meinem Herzen ein. Sie gehörte zur „Porscheclique" und faszinierte mich durch ihre unkomplizierte Art. So kamen wir uns näher und L. erzählte mir, dass sie mit einem Autofanatiker verheiratet gewesen war. Um nicht ganz in das schwarze Loch der Einsamkeit zu stürzen, unternahm sie öfters Fahrten mit ihren alten Porscheliebhabern. Einer aus der Clique war ihr Exmann, der einen Gemüsegroßhandel betrieb und bei dem sie auch halbtags angestellt war. Ich verbrachte jede freie Minute mit ihr und meine körperliche Agilität nahm zu, da ich wieder einen Sinn in meinem Leben gefunden hatte. Die Arbeit ging mir noch leichter von der Hand und ich war so energiegeladen, dass ich meinem Chef jede Arbeit abnahm. Es erfüllte mich mit Stolz, überall Hand anlegen zu können. Umso tiefer verletzten mich die Worte meines Chefs, der in Weinlaune herumposaunte, dass ihm sein „Salzburger Trottel" ohnedies alles – vor allem auch die Drecksarbeit – erledige und ihm rund um die Uhr ohne Mehrzahlung zu Diensten stünde. Als ich das hörte, stürzte in mir eine Welt zusammen und in mir zerbrach ein großes Stück des Vertrauens in die Menschheit. Am nächsten Morgen, als mein Chef wieder nüchtern war, stellte ich ihn zur Rede. Er bestritt vieles und beteuerte, dies alles nicht so gemeint zu haben, doch mein Entschluss stand fest: Ich kündigte ihm auf die Stunde, da half weder Bitten noch Fluchen.

Auch diesmal standen die Sterne für mich günstig. Es ergab sich, dass L.s Exmann einen Fahrer suchte und nachdem zwischen den früher Verheirateten ein fast freundschaftliches Verhältnis herrschte, gab er mir bereitwillig die Stelle. Natürlich war auch dieser Job kein Honiglecken, aber er stellte für mich eine neue Herausforderung dar. Ich machte in kurzer Zeit den Führerschein und widmete mich (fast) vollständig meiner neuen Aufgabe. Mit L. verband mich jetzt noch mehr, denn wir arbeiteten beide für ihren Exmann unter guten Bedingungen. Sie war halbtags auf dem Marktstand beschäftigt und mein Tag begann drei Mal die Woche schon um zwei Uhr morgens, wenn ich nach München fuhr und dort in der Großmarkthalle Waren auflud. Ich sah es als Übung für meine Kondition, ca. 50 kg schwere Kartoffel- und Zwiebelsäcke zu schleppen. Der Verdienst war meiner Arbeit angepasst, überall bekam ich in Mengen Speis und

Trank und fiel des Abends müde ins Bett. Es war eine sehr ausgefüllte und glückliche Zeit in meinem Leben, zumal ich mir mit meiner L. eine Wohnung nach unserem gemeinsamen Geschmack einrichtete.

Da ich damals voller Tatendrang steckte, war mir das alles aber noch nicht gut genug und ich suchte wieder nach neuen Herausforderungen. So übernahm ich vor den Tagen, an denen ich nicht so zeitig aufstehen musste, noch einen Job als Türsteher. Die Rolle war für mich maßgeschneidert, denn als großer, stattlicher Mann hatten die Besucher Respekt vor mir, ohne dass ich viel Aufhebens machen musste. Wahrscheinlich suchte ich eine sinnvolle Betätigung außerhalb meines Privatbereiches, da aufgrund von immer wiederkehrenden Eifersuchtsszenen mein Verhältnis zu L. immer mehr abkühlte.

Natürlich war ich dadurch auch offen für neue Kontakte, und als mir ein Freund den Vorschlag machte, mit ihm ein Wochenende in Tschechien zu verbringen, sagte ich voller Freude zu. So fuhren wir nach Budweis, und nachdem wir uns ein Hotelzimmer gesucht hatten, warfen wir uns in Schale und besuchten die aufregendste Diskothek in der Stadt. Nachdem das Personal bemerkt hatte, dass wir ein Bündel Geldscheine bei uns hatten, behandelte man uns sehr zuvorkommend und den Damen gefiel es, mit uns Champagner zu trinken. Es war ein unbeschwerter Abend, doch trotz der guten Stimmung irritierte mich ein gutaussehender, adrett gekleideter Herr, der ständig Blickkontakt mit mir suchte und mir sogar zuprostete. Meine Neugier war geweckt und ich war gespannt, was nun als Nächstes geschehen würde. Der Unbekannte spannte mich nicht lange auf die Folter, kam auf mich zu und setzte sich auf den Barhocker neben mir. Wir kamen ins Gespräch und beließen es anfänglich beim Small Talk. Es stellte sich heraus, dass Herr M. ebenfalls aus Österreich, und zwar aus Linz stammte. Anscheinend hatte ich bald sein

Vertrauen gewonnen, denn er erzählte mir, dass er als Großindustrieller weltweit tätig war. Sein Hauptgeschäft lag im Verkauf von Teppichen und PVC-Böden, nebenbei florierte auch eine Import- und Exportfirma mit zahlreichen Angestellten. Was ihm jedoch noch fehlte, war ein verlässlicher Chauffeur und ein Organisator mit gutem Auftreten. Für diesen Job, so offenbarte er mir, hätte er mich nach längerem Beobachten gerne gewonnen.

Ich bat mir Bedenkzeit aus und Herr M. ließ mich am nächsten Tag zu einem vereinbarten Termin mit dem Taxi abholen. Ich war sehr müde, denn sein unerwartetes Angebot hatte mir den Schlaf geraubt. Wir fuhren an vielen ärmlichen Häusern vorbei, doch plötzlich hielten wir vor einer wunderschönen Villa, die wie ein Schmuckstück aus der öden Gegend hervorstach. Ich befand mich vor einem dreistöckigen Haus, das von antiken Gartenfiguren umsäumt war, mit weißer Fassade und großer Garage, und sah eine Menge Kameras, die wohl vor ungebetenen Gästen in dieser Gegend schützen sollten. Ganz wohl war mir nicht dabei, als ich an der messingfarbenen Hausklingel läutete. Wegen des vornehmen Ambientes erwartete ich einen Butler mit weißen Handschuhen, der mir die Tür öffnen würde. Stattdessen wurde ich vorerst von einem Terriermischling mit lautem Bellen begrüßt. Gleich darauf öffnete mir sein Herrchen höchstpersönlich und führte mich in ein kleines Paradies mit weißen Marmorböden, das stilvoll eingerichtet war. Zu allererst nahmen wir eine Hausbesichtigung vor, bei der mich die Werbeagentur, die aus mehreren Büroräumen bestand und bei der natürlich ein Steuerberater nicht fehlen durfte, der an einem Wohnbüro mit großem Tisch saß, beeindruckte. Noch vielmehr begeisterte mich aber der Privatbereich des Herrn M., der mit einer Ledergarnitur vom Feinsten im westlichen Stil, schönen Bildern und moderner Computeranlage mit Faxgerät ausgestattet war. Danach zeigte er mir eine große Küche, die ebenfalls mit allen modernen Geräten bestückt war, und führte mich dann in ein komfortables Wohnzimmer, wo er mir Platz anbot.

Wir unterhielten uns über den vorigen Abend und über dies und das, bis Herr M. das Gespräch auf den Punkt brachte. Er ließ mich nochmals wissen, dass er weltweit Teppiche und PVC-Böden verkaufte und eine „rechte Hand" suchte, die ihn in Verwaltungstätigkeiten unterstützen sollte. Außerdem brauche er einen zuverlässigen Chauffeur. Herr M. war der Meinung, dass er diese Vertrauensperson in mir gefunden hätte, und machte mir ein großzügiges Angebot, das mich nicht nur wegen der pekuniären Seite reizte. Es freute mich besonders, dass ein Mensch ein so großes Vertrauen in mich setzte und mich in geschäftlichen Belangen als treuen und zuverlässigen Begleiter an seiner Seite haben wollte.

Daraufhin fasste ich mir ein Herz, rief meine Freundin an und erzählte ihr von meinem Vorhaben. Da die Beziehung ohnedies schon sehr zerrüttet war, akzeptierte L., dass für jeden von uns beiden ein neuer Lebensabschnitt beginnen sollte. Nachdem der Chauffeur von Herrn M. mein Hab und Gut aus Deutschland geholt hatte, durfte ich ein wunderschön ausgestattetes Zimmer beziehen und freute mich auf meine neuen Aufgaben. Diese bestanden darin, in jedem Ort und jeder Stadt, die wir besuchten, die besten Restaurants, Diskotheken, Hotels und Nachtclubs ausfindig zu machen, um dort für uns zu buchen. Mein Tätigkeitsbereich umfasste auch die Erledigung sämtlicher Bankgeschäfte, ich organisierte Übersiedlungen – langer Rede kurzer Sinn, ich war „der Mann für alle Fälle" und machte alles, was Herr M. selbst nicht erledigen konnte oder wollte. Mein Einsatz wurde täglich reich belohnt. Ich durfte nach der Erfüllung meiner Pflichten, die ich mit Freude und großem Engagement durchführte, mit Herrn M. in den teuersten Restaurants speisen, mit ihm Squash spielen oder mich gemeinsam mit ihm in einer Wellnessoase entspannen. Für mich schien sich der Himmel aufgetan zu haben und ich war nicht zu müde, nach einem arbeitsreichen Tag mein neuentdecktes Schlaraffenland zu genießen. Mein Arbeitgeber ließ mir auch in der Auswahl meiner Kleidung freie Hand und ließ alle Rechnungen für mich begleichen. Er ließ mich meine großteils triste Kindheit und Jugend vergessen und ich war stolz darauf, dass er mich so schätzte und mir großes Vertrauen entgegenbrachte. Herr M. besaß mehrere Limousinen im amerikanischen Stil und einen Porsche und ich, das verspottete „Heimkind", durfte ihn chauffieren. Gar manches Mal wünschte ich mir heimlich, die Personen, die mich gehänselt und verletzt hatten, könnten mich in diesem neuen Umfeld sehen. Den Stress des Arbeitstages nahm ich im Hinblick auf die herrlichen Belohnungen gerne in Kauf.

Einmal verkauften wir in Krumau den ganzen Tag Teppiche – am nächsten Tag war schon ein Flug im Privatjet nach Prag geplant. Spät am Abend erhielt ich von Herrn M. eine Liste, was für die Zeit unseres Aufenthaltes mitzunehmen sei und auch diesen Auftrag erledigte ich peinlich genau. Am Morgen bestellte ich zur gewünschten Zeit ein Taxi und mein Arbeitgeber und ich flogen samt dem Hund Jimmy von einem Privatflugplatz in Budweis in einer viersitzigen Cessna ab. Welchen Eindruck der für mich erste Flug doch hinterließ! Wir hatten eine herrliche Aussicht, und freudig erregt ließ ich dieses großartige Erlebnis auf mich einwirken.

Bei der Landung in Prag empfingen uns schon Herrn M.s Securityleute samt Chefsekretärin und übergaben uns Papiere, Schecks und zwei Koffer mit Geld. Alles war bestens organisiert. Wir besorgten uns eine Stretchlimousine und ließen uns zum besten 5-Sterne-Hotel der Stadt chauffieren. Dort bezogen wir eine exklusive Suite, die mit allen bürotechnischen Einrichtungen ausgestattet war, die uns eine optimale Organisation unserer Pläne gewährleistete.

Eine große Messehalle für den Verkauf der Teppiche und PVC-Böden war schon im Vorfeld angemietet worden. Das Personal, das wir zum Ausladen der Waren aus den Sattelschleppern brauchten, fanden wir in Studentenheimen. Die jungen Leute waren begierig, sich neben ihrem Studium etwas Geld dazuzuverdienen und halfen uns gern auch beim Zuschneiden der Teppiche und beim Plakatieren. Um alle Bewohner in der Umgebung auf unser Vorhaben aufmerksam zu machen, brachten wir neonfarbige Plakate und Transparente auf Brückengeländern an. Auch ließen wir über Radiospots verlautbaren, dass wir ein attraktives Angebot für unsere Kunden hätten, die die Ware in drei Monatsraten bequem abzahlen könnten. Davon war ein Großteil der Bevölkerung begeistert und die Menschen strömten in Scharen zur Messehalle. Da das Geschäft großartig florierte, nahm sich Herr M. die Freigiebigkeit, alle Besucher eines Lokals, in dem wir uns aufhielten, zu einem teuren Whisky einzuladen. Geizig war Herr M. niemals, dafür gewann er auch die Sympathie der Bevölkerung. Ich war glücklich, für solch einen großzügigen Chef arbeiten zu dürfen. Nach der harten Arbeit des Tages gönnten wir uns abends jeden erdenklichen Luxus. Wir aßen in den besten Restaurants, besuchten gut geführte Nachtclubs und Bars und taten auch viel für unsere Gesundheit. So fanden wir einen Ausgleich für die schwere Arbeit und konnten sie auch leichter meistern.

Nachdem wir den Verkauf in Prag zu Ende gebracht hatten, verlagerten wir unseren Tätigkeitsbereich auf viele andere große Städte in diesem Land. Überall hatten wir großen Erfolg – dies nicht zuletzt wegen Herrn M.s Großzügigkeit, die ihre Wirkung nicht verfehlte –, sehr viel an Vertrauen, Sympathie und auch Menschlichkeit kam zu uns zurück.

Nach einigen Monaten flogen wir wieder zum Firmensitz nach Budweis zurück. Auch dort musste wieder nach dem Rechten gesehen und neuerliche Vorbereitungen getroffen werden. Die Angestellten boten uns einen herzlichen Empfang und wir ließen auch sie an unseren Erfolgen teilhaben. Herr M. lud alle Mitarbeiter zu einem großen Fest ein und als der Alkohol die Zunge gelockert hatte, erzählte uns einer unserer Sekretäre, dass er als Spion in die Firma eingeschleust worden war, um auszuforschen, ob die guten Verkaufszahlen des Unternehmens auf Drogenhandel oder andere illegalen Machenschaften zurückzuführen seien. Seine Mission sei längst erledigt, so gestand er uns, aber in der Zwischenzeit habe er sich in dem Betrieb so wohl gefühlt, dass er für immer bei Herrn M. arbeiten wolle.

Natürlich mussten wir uns nebenher schon wieder auf einen neuen Markt vorbereiten und beschlossen, in Polen Fuß zu fassen. Wir fuhren zu einem Privatflughafen in Budweis und unser Weg führte uns an der Wohnung einer Sekretärin vorbei, die für Herrn M. tätig war. Man sah dieser armen Frau schon von Weitem an, dass sie sehr unglücklich war. Da sich Herr M. nicht nur für gute Geschäfte, sondern in erster Linie für das Wohl seiner Mitarbeiter interessierte, ging er der Sache auf den Grund. Nach langem Zögern erzählte die Sekretärin, dass sie ständig von ihrem Mann geschlagen wurde. Selbstverständlich ließ das Herrn M. nicht kalt und er beschloss, den Mann aufzusuchen, um reinen Tisch zu machen. Es entbrannte ein wilder Wortwechsel, und ehe er sich's versah, wurde mein Chef von der Polizei festgenommen. Dies deswegen, weil der Tscheche sehr gute Beziehungen zur Polizei hatte und deshalb am längeren Hebel saß. Herr M. hatte keine Chance, sich zu verteidigen – man glaubte ihm nicht und auch das sofortige Einschreiten seines Rechtsanwaltes trug keine Früchte. Man sperrte uns auf tschechischer Seite in den Arrest und Herrn M. wurde das Einreiseverbot in die Tschechei erteilt. Mich ließ man nach einiger Zeit frei und ich hatte nur eines im Sinn: Meinem Chef zu helfen!

Natürlich nahm ich sofort mit dem Konsulat Kontakt auf und schilderte Herrn M.s missliche Lage, aber auch an dieser Stelle konnte oder wollte man uns kein Gehör schenken. Die Korruption kennt keine Grenzen und somit wurde mein Chef für seine Ehrenhaftigkeit bestraft. Herr M. war immer bestrebt, seriös zu arbeiten und es wurden keine krummen Machenschaften geduldet. Zum Lohn erhielt er die Ausweisung aus der damaligen Tschechoslowakei. Der Staat wollte „Zucht und Ordnung" und es blieb nichts anderes übrig, als sich mit den Tatsachen abzufinden. Das war ein harter Schlag für meinen Arbeitgeber, denn der tüchtige Geschäftsmann hatte viel Zeit und Arbeit in den Aufbau seines Lebenswerkes investiert.

Von einer angemieteten Wohnung in Freistadt aus organisierte Herr M. die nächsten Schritte. Ich war mit sämtlichen Vollmachten ausgestattet und veranlasste auf Herrn M.s Anweisung die Auflösung des Firmensitzes in Budweis und traf andere wichtige Vereinbarungen.

Endlich kam mein Chef frei, aber an dem mehrjährigen Einreiseverbot gab es nichts mehr zu rütteln. Dies war jedoch nicht die einzige Enttäuschung für uns – es kam noch viel dicker. Wir mussten feststellen, dass die einstmals so zuverlässigen Mitarbeiter unserer Firma Teppiche stahlen und nicht mehr loyal hinter Herrn M.s Unternehmen standen. Das tat noch viel mehr weh als alle Unterstellungen und Ungerechtigkeiten, die wir vom Staat verpasst bekamen.

Wir waren beide zutiefst demoralisiert, doch die Welt stand nicht still, deshalb setzten wir auf neue Perspektiven. Um von den ärgsten Strapazen Abstand zu gewinnen, überraschte mich mein Arbeitgeber mit einem Urlaub in Griechenland. Wir ließen es uns trotz der angespannten Lage so gut wie möglich gehen und fassten neuen Mut. In dem sonnigen Urlaubsdomizil beschlossen wir einen beruflichen Neustart in Kroatien, denn wir wollten keineswegs aufgeben.

Nach 14 erholsamen Tagen begann die Übersiedlung nach Rijeka und wir hatten alle Hände voll zu tun. Die Teppiche und PVC-Beläge wurden mit fünf Sattelschleppern in das ehemalige Jugoslawien gebracht. Der Balkankrieg hatte deutliche Spuren hinterlassen, die Menschen waren arm. Doch auch hier begann man schon wieder mit dem Aufbau und die Bewohner nahmen unser Angebot, die Ware in drei Monatsraten bezahlen zu können, gerne an. Wir waren mit den elementaren Säulen eines erfolgreichen Vertriebes fest verwurzelt und setzten auch in Kroatien unser Konzept fort.

Bei einer Familie in Opatija, die in einer Villa wohnte, fanden wir unsere neue Unterkunft und fühlten uns dort wohl. Auch die Geschäfte verliefen äußerst zufriedenstellend, zumal wir in Tschechien schon viel Erfahrung gesammelt hatten. Wir hätten jeden Grund zum Glücklichsein vorgefunden – doch ein Wermutstropfen vermieste unseren Erfolgskurs: die nicht enden wollende Einmischung einer verbrecherischen Organisation. Doch bei Herrn M.s Geschäftspolitik bissen die Ganoven auf Granit. Mein Chef wollte mit ihnen nicht das Geringste zu tun zu haben und diese Einstellung wurde mir zum Verhängnis. Als ich eines Abends noch etwas in der Stadt zu erledigen hatte, hörte ich einen lauten Knall. Ich stellte mit Schrecken fest, dass ein Schuss in den Kofferraum meines Autos eingedrungen war. Ich war plötzlich von dunklen Gestalten umlagert, die mich anstänkerten. Auf die Frage, was sie von mir wollten, bekam ich keine Antwort, dafür verirrte sich ein Querschläger in mein Bein. Ehe ich mich wieder aufrappeln konnte, waren die Männer verschwunden. Ich rief die Polizei, aber auch die wollte mir nicht helfen und man gab mir nur zu verstehen, dass dies in Kroatien jeden Tag vorkäme und man diesbezüglich kein Aufsehen machen müsse. Im Krankenhaus wurde ich dann notversorgt, selbstverständlich erst, nachdem ich teures Geld für den Eingriff hingeblättert hatte.

Ich liebte meine Tätigkeit, doch als ich in meine Unterkunft transportiert wurde, schlich sich bei mir erstmals der Gedanke ein, ob es nicht besser wäre, meinen Job an den Nagel zu hängen.

Tagelang quälten mich Zweifel und in den Nächten konnte ich wegen der innerlichen Zerrissenheit kein Auge zutun. Einerseits wollte ich unbedingt loyal zu meinem Arbeitgeber sein, andererseits stellte sich die Frage, ob Erfolg und Geld der Schlüssel zum wahren Glück bedeuteten. Ich versuchte abzuwägen, ob mir ein Dasein im goldenen Käfig wichtiger sei als ein zufriedenes Familienleben. Die Entscheidung fiel mir unendlich schwer, doch schließlich siegte mein Herz über meinen Verstand. Ich entschloss mich, meiner Zukunft eine neue Chance zu geben.

Als ich Herrn M. meine Entscheidung mitteilte, war er zuerst enttäuscht und traurig. Er brauchte einige Zeit, doch im Endeffekt siegte wieder sein Einfühlungsvermögen und er verstand meinen Entschluss. So trennten sich zwar unsere Wege, aber in Gedanken war und bin ich noch öfter bei diesem großartigen Menschen, dem ich eine Menge an Lebensweisheit zu verdanken habe, auch wenn ich manches erst viel später umsetzen konnte.

Ich überlegte, wohin mich mein neu beschrittener Weg führen würde. Finanzielle Sorgen hatte ich keine, da ich mir viel Geld erspart hatte. Ich beschloss, meinen alten Freund Herbert in Deutschland aufzusuchen. Er freute sich sehr, mich wiederzusehen und lud mich ein, auf seiner riesigen „Ranch" zu wohnen, die ich ja schon von früher gut kannte. Ich wollte mir erst einmal eine Auszeit gönnen, um die Eindrücke der letzten Zeit verarbeiten zu können. Es war schön, meinen Seelenfreund Herbert wiedergefunden zu haben und wir verloren uns in endlosen Gesprächen über die Vergangenheit und auch über Zukunftsperspektiven.

Ich genoss mein neues Leben in Freiheit und Unabhängigkeit in vollen Zügen. Wie bereits erwähnt, hatte ich Beträchtliches auf die hohe Kante gelegt und damit konnte ich mir auch einen langgehegten Wunsch erfüllen – den Kauf eines BMW M3 mit beachtlichen Pferdestärken. Ich ließ mich gerne in meinem roten Sportcoupé bewundern und konnte nicht umhin, auch meiner Großmutter in S. meine neue Errungenschaft vorzuführen.

Zuerst konnten es meine Verwandten gar nicht fassen, dass sie mich in solch einem sportlichen Gefährt sahen, nachdem sie schon jahrelang nichts von mir gehört hatten. Sie hörten meinen Schilderungen interessiert zu und waren froh, mich gesund und auch finanziell unabhängig wieder in ihrer Nähe zu wissen.

Natürlich klapperte ich auch sämtliche Diskotheken und Bars in Salzburg und Bayern ab. Überall war ich gern gesehen, nicht zuletzt, weil ich es mir wegen meiner Ersparnisse leisten konnte, großzügig zu sein. Langsam gewöhnte ich mich an das „süße Nichtstun". Leider hatte dies zur Folge, dass ich – abgesehen von wenigen wirklich guten Freunden – nicht mehr unterscheiden konnte, ob die Menschen, die auf mich zugingen und mit denen ich meine Zeit verbrachte, es wirklich ehrlich meinten, oder ob sie sich nur vom Geld blenden ließen.

Als ich eines Tages wieder mit einem Bekannten eine Spritztour unternahm, überraschte mich in einer Waldschleuse nahe Traunstein Blitzeis. Mein Auto geriet ins Schleudern, drehte sich um die eigene Achse und überschlug sich ein paar Mal. Ich konnte nichts mehr unternehmen, um größeres Unheil zu verhindern, und wir schlitterten über die Böschung in einen nahe gelegenen Bach. Von diesem Zeitpunkt an setzte mein Gedächtnis aus und das Nachfolgende weiß ich nur aus Erzählungen, bzw. von den spärlichen Erinnerungen, die mir erst viel später wieder in den Sinn kamen. So erfuhr ich erst nach meinem Erwachen im Krankenhaus, dass mein Mitfahrer mit einem Schock davongekommen war, was mir große Erleichterung verschaffte. Mir war bei Weitem Schlimmeres widerfahren, denn durch den Unfall erlitt ich ein Schädelhirntrauma, das einen mehrwöchigen Spitalaufenthalt nach sich zog. Wahrscheinlich, so erzählte man mir, sei ich dem sicheren Tod nur deswegen entronnen, weil hinter meinem BMW ein Polizeiwagen fuhr und die Beamten eine sofortige Bergung, Versorgung durch den Notarzt und den Transport ins nächstgelegene Krankenhaus veranlasst hatten. Zum Glück waren sowohl ich, als auch mein Beifahrer angegurtet gewesen. Sicher ist uns auch ein Heer von Schutzengeln zu Hilfe gekommen – ich hätte Gott liebend gern auf den Knien gedankt, aber das ließ mein lädierter Körper nicht zu.

Es ist der Kunst der Ärzte zu verdanken und mit Sicherheit hat da auch eine höhere Macht die Hand im Spiel gehabt, dass sich nach vielen Behandlungen mein Zustand halbwegs besserte und dass ich wieder auf die Beine kam. Bei den zahlreichen Untersuchungen im Spital wurde festgestellt, dass ich seit Geburt eine Wirbelverengung hatte, die sich durch den Unfall jedoch dramatisch verschlimmert hatte.

Somit wären wir wieder beim Ausgangspunkt des Buches: Die Intensivstation, die Operationen, die trotz der geringen Überlebenschancen durchgeführt werden mussten, und die unsäglichen Schmerzen und enttäuschten Hoffnungen stiegen immer wieder in mir hoch und beherrschten mein Leben. Aber da war noch eine andere, helle Seite: Die großartigen Leistungen der Ärzte und des Pflegepersonals, die vielen großen und auch kleinen Wunder, die mir widerfuhren, die starke Kraft von der höheren Macht, die mich zusehends wieder gesunden ließ, all das bleibt mir in steter Erinnerung und zeigt uns allen, dass es im Leben immer wieder Hoffnung gibt. Wir sind nicht allein, sondern wir werden geführt und beschützt. Viele Situationen, die vorerst einmal unverständlich oder düster und bedrohlich erscheinen, erweisen sich als Sprungbrett in ein erfülltes und zufriedenes Dasein. Heute weiß ich, dass alles, was in meinem Leben ablief, gut und notwendig war, um mich weiterzuentwickeln. Um zu dieser Erkenntnis zu gelangen, ist es jedoch oft ein steiniger und mit vielen Dornen durchwachsener Weg.

Mein Leben „danach"

Nach dem Aufenthalt im Rehabilitationszentrum war ich wieder mobil und war bereit, in meinem neu gewonnenen Leben durchzustarten. Mich beherrschte ein Gefühl der Euphorie, als ich erfuhr, dass ich bei meiner Bekannten A. als Untermieter ein neues Zuhause finden sollte. Wir teilten uns nicht nur alle anfallenden Kosten brüderlich, sondern lebten harmonisch, wie ein Geschwisterpaar, zusammen. Nach alledem, was wir erlebt hatten, gelang es uns anfangs recht gut, dem neu gewonnen Leben schöne Aspekte abzugewinnen. Ich genoss es, in einem eigenen Zimmer die Ruhe, die ich brauchte, gefunden zu haben und schlief wie ein Baby. Tagsüber hielt ich mich im Harmogana-Club, der mir von ärztlicher Seite empfohlen worden war, auf. Ich wurde dort von Anfang an gut aufgenommen und nützte die Gelegenheit, durch Zuhören und Erzählen die Traumata meiner Vergangenheit aufzuarbeiten. Ich lernte nette Menschen kennen, die wie ich seelisch krank waren.

Ein besonders gutes Verhältnis hatte ich zu L., der ebenfalls mit den Schattenseiten des Lebens konfrontiert worden war, worunter er offensichtlich noch sehr litt. Wenn wir uns jedoch unterhielten, kamen seine lustigen und unterhaltsamen Seiten zum Vorschein und wir hatten gemeinsam viel Spaß.

A. verbrachte die meiste Zeit allein zu Hause. Ihre positive Einstellung zum Leben wurde bald wieder durch das Auftreten von Depressionen getrübt. Weil ich das Gefühl hatte, dass auch sie durch die Gesellschaft anderer Menschen aufgemuntert werden würde, bat ich sie, mich in den Club zu begleiten. Auch die junge Frau spürte sofort die Atmosphäre des Geborgenseins und es dauerte nicht lange, bis sie selbst dort Stammgast war. L. riss sie mit seiner Unbekümmertheit mit, erweckte die schlafenden Lebensgeister in ihr und es kam, wie es eben kommen musste – bald waren die beiden ein Paar.

Einerseits freute ich mich sehr, dass sie sich so gut verstanden, auf der anderen Seite fiel ich wieder in ein schwarzes Loch, weil mir die glücklich Verliebten meine eigene Einsamkeit ganz deutlich vor Augen führten. Ich betete jede Nacht zu Gott, er möge mir doch eine Frau schenken, mit der ich alles teilen konnte. Ich lebte zwar in sehr bescheidenen Verhältnissen, doch ich hatte einen inneren Reichtum erworben, der viel mehr wert war als alles Geld, das ich früher im Übermaß verdient hatte. Trotzdem wuchs meine Traurigkeit mit jedem Tag ein bisschen mehr und bald hatte ich wieder einen seelischen Tiefpunkt erreicht.

Der Weg in eine Klinik war absolut nichts Neues für mich, aber es beschlich mich das Gefühl, dass ich mit jedem Aufenthalt immer mehr an Kraft verlor und immer schwerer in das „normale" Leben zurückfinden konnte. Aber es schien sich keine andere Lösung aufzutun – ich begab mich in diese Institution, in der mir schon einige Male geholfen worden war. Die Einnahme von Antidepressiva und anderen Medikamenten war unumgänglich und sie halfen auch, meine Wechselbäder der Gefühle wieder halbwegs ins Lot zu bringen. Als ich glaubte, dass sich mein Zustand halbwegs gebessert hatte, beschloss ich auf eigene Faust, mich aus dem Krankenhaus zu stehlen und den in der Nähe der Klinik gelegenen Club zu besuchen, um der Krankenhausluft, die ich schon zur Genüge geatmet hatte, zu entkommen. Eigentlich hätte ich es als „alter Hase" besser wissen müssen, ich unterschätzte jedoch die Wirkung der vielen Psychopharmaka, die im wahrsten Sinn des Wortes umwerfend wirkten. Ich verlor den Halt und stürzte zu Boden. Selbstverständlich blieb mein Verschwinden nicht lange unbemerkt und das Personal unternahm alles, um mich sofort wieder in ihre Obsorge zu bringen. Die Betreuer in der Einrichtung für „Psychiatrieerfahrene" waren sofort bei mir und verständigten die Rettung. Nach wenigen Minuten trafen der Notarzt und Sanitäter ein und erkannten sofort den Ernst der Lage. Nach der Erstversorgung wurde ich auf eine Trage gelegt und schon ging's ins Spital. Meine Helfer versuchten mich wach zu halten, doch immer wieder verlor ich das Bewusstsein.

Der Notarzt stellte einen Kreislaufkollaps fest. Wie durch einen dicht gewobenen Schleier sah ich, wie meine Retter mich reanimierten und um mein Leben kämpften. Dann wurde es tiefe Nacht um mich.

Als ich wieder zu mir kam, hörte ich das mir schon vertraute, gleichmäßige Tropfen der Infusion, sah die Nadel an meinem Unterarm und wusste sofort, dass ich im Krankenhaus war. Doch das Zimmer sah anders aus und meine Mitpatienten kannte ich nicht. Ich versuchte mir in Erinnerung zu rufen, was geschehen war. Langsam stiegen Bilder in mir hoch: die Klinik, in der mir eine Schwester Medikamente verabreicht hatte, meine Flucht, ein Gefühl des Schwebens, der starke Schwindel, mein Zusammenbruch, die Konturen besorgter Gesichter, die sich über mich gebeugt hatten. An mehr konnte ich mich nicht mehr erinnern. Die Tür ging auf, ein Arzt trat ein und setzte sich neben mein Bett. Ich fragte ihn, wo ich denn sei und was mit mir passiert wäre. Er erklärte mir, dass ich mich auf der Intensivstation der I. Medizin befände und fragte mich nach dem Grund, warum ich mir denn das Leben nehmen wollte. Mit schwacher Stimme antwortete ich ihm, dass ich wahrscheinlich die hohe Dosis an Medikamenten, die mir aufgrund meiner starken Depressionen verabreicht worden waren, nicht vertragen hätte und dass dieser Umstand Schuld an meinem Zusammenbruch gewesen sei. Erst schenkte der Doktor meinen Erzählungen keinen Glauben – ich hatte ja schon öfter versucht, meinem Leben ein vorzeitiges Ende zu setzen. Schließlich konnte ich ihn doch überzeugen, und nachdem mein Zustand wieder stabil war, wurde ich in die ursprüngliche Klinik überstellt. Dort wurde ich medikamentös richtig eingestellt und wurde nach kurzer Zeit entlassen. Natürlich war ich nicht vollständig geheilt, denn das Gefühl der Einsamkeit brannte nach wie vor in mir. Man konnte es nur lindern, den Selbstheilungsprozess musste ich jedoch selbst in Gang setzen. Um mich darin zu unterstützen, wurde mir – wie schon erwähnt – vom Sozial-Medizinischen Dienst die Psychologin Mag.a J. zur Seite gestellt. Frau J. besuchte mich einmal in der Woche und mit ihrer Hilfe machte ich leichte Fortschritte in Richtung seelischer Genesung. Nach wie vor besuchte ich auch den Harmogana-Club, um durch das Gespräch mit anderen Leidensgenossen Kraft zu tanken und dem Alltag ein bisschen Struktur zu geben.

Oft traf ich A. und L., die Jungverliebten, die der Meinung waren, dass ich endlich auch „unter die Haube" kommen sollte. L. sagte jedes Mal: „Lass uns auch woanders hingehen. Hier im Club wirst du nie eine Frau finden, die zu dir passt."

Doch auch in der Causa „Liebesangelegenheiten" war mir vom Schicksal ein anderer Weg vorgezeichnet. Er begann am Faschingsdienstag des Jahres 2002, als ich mir von der Bank meine Pensionszahlung abholte. Ich nahm mir vor, diesen Tag wie in meiner Jugendzeit ausgelassen zu feiern. Doch zu viel war in der Zwischenzeit geschehen, es wollte keine unbeschwerte Fröhlichkeit aufkommen. Der Bankbeamte bediente mich wie immer, wie es den Vorschriften entsprach: „korrekt" aber distanziert – mit Mindestrentnern hatte man auch hier nichts am Hut. Schließlich durften sie das Konto nicht überziehen, das brachte dem Unternehmen keine Zinsen ein und für zusätzliche Abschlüsse waren sie auch keine Zielpersonen, ihre kleine Rente reichte dafür nicht aus. Auch auf der Straße suchte ich vergeblich nach einem Lächeln in den Gesichtern der Passanten. Alle schienen es heute genau so eilig wie immer zu haben – keine Zeit, nur Hektik und Geschäftigkeit.

Ich flüchtete mich in eine Kneipe, um zu sehen, ob dort bessere Stimmung herrsche. Als ich die Tür öffnete, empfingen mich gedämpftes Licht und Rauchschwaden. Hier fühlte ich mich gleich besser, denn ich konnte mich wie in einer Höhle vor der Gleichgültigkeit der Welt verkriechen. An der Bar wurde ich von den schon angeheiterten Gästen aufgefordert, bei ihnen Platz zu nehmen. Ich nahm das Angebot dankbar an – es war Balsam für meine Seele, dass überhaupt jemand über meine Gesellschaft erfreut war. Ich hatte meine Pension für den ganzen Monat in der Tasche und gab eine Runde aus. Meine Tischnachbarn ließen sich nicht lumpen und einer nach dem anderen sorgte für Nachschub an Getränken. Der Alkohol versetzte mich zuerst in eine Hochstimmung, in ein Gefühl des Abhebens. Bald schwang ich hochgestochene Reden und war der Meinung, alle Besucher mit meinen Ausführungen zu beeindrucken.

Nur ungern verließ ich meinen Platz an der Bar, als mein Körper das Recht forderte, sich der vielen Flüssigkeit, die ich zu mir genommen hatte, zu entledigen. Als ich von der Toilette zurückkehrte, bemerkte ich, dass zwei Hocker, auf denen noch vor Kurzem meine Gesprächspartner gesessen hatten, leer waren. Aber die beiden waren nicht die einzigen, die sich scheinbar in Luft aufgelöst hatten. Ein instinktiver Griff nach meiner Geldbörse gab mir die unangenehme Gewissheit, dass sie ebenfalls weg war.

Wut, Enttäuschung und Selbstmitleid – das war der Mix aus Gefühlen, der mich umschwappte. Auch in meinem angetrunkenen Zustand begriff ich, dass ich in diesem Monat nichts mehr hatte, um meine Miete, den Strom und andere Verbindlichkeiten zu bestreiten. Dem Wirt blieb nichts anderes übrig, als meine Zeche anzuschreiben – meine Faschingsdienstagstour war jäh beendet.

In der nahe gelegenen Polizeiwachstube erstattete ich Anzeige. Die Beamten nahmen alles auf und erwiesen sich wahrlich als „Freunde und Helfer". Sie beruhigten mich und bestellten mir ein Taxi. Wir fuhren Richtung Aiglhof und kamen „zufällig" beim Harmoganaclub vorbei. Das Haus war festlich erleuchtet und durch die Fensterscheiben konnte man das bunte Treiben einer Faschingsparty erkennen. Es zog mich magnetisch an und ich hörte mich „Bitte anhalten" sagen. Ich wollte in dieser Situation nicht grübelnd zu Hause sitzen, vielmehr hatte ich das Bedürfnis, meinen Frust von der Seele zu reden. Der Taxifahrer stoppte den Wagen. Ich betrat das Sozialzentrum und bat eine Betreuerin, vorab die Taxispesen für mich auszulegen. Dieser Wunsch wurde mir zwar erfüllt, doch mein übermäßiger Alkoholgenuss blieb den dort Anwesenden nicht verborgen. Da im Club absolutes Alkoholverbot herrschte, wollte man mich nicht in der Runde aufnehmen. Als den Mitarbeitern jedoch zu Ohren kam, was mir widerfahren war, ließen sie mich alles erzählen, was mir auf dem Herzen lag. Von D., einer Frau, die das Clubteam an Wochenenden und Feiertagen mit ihren Diensten unterstützte, fühlte ich mich in meiner Verzweiflung besonders gut verstanden. Sie hörte mir aufmerksam zu und mit jedem Satz, der aus meinem Mund heraussprudelte, fiel ein Stück Ballast mehr von meiner Seele ab. Ich hatte D. schon einige Male im Club gesehen und sie war mir von Anfang an sympathisch gewesen. Als mir die angehende Betreuerin anbot, mich nach Hause zu bringen, verspürte ich große Erleichterung. Sie war da. Sie nahm sich Zeit für mich allein. Sie brachte mich bis zur Haustür und gab mir sogar noch etwas Geld, damit ich nicht ganz mittellos war. Ich fiel in mein Bett und empfand ein Gefühl der Ruhe und Geborgenheit. Tief in mir spürte ich, dass sich mein Leben bald wieder zum Besseren wenden sollte.

Als ich jedoch am Vormittag des nächsten Tages verkatert aufwachte, war es mit der Weinseligkeit vorbei. Mein Schädel brummte und mir war speiübel. Das war natürlich einerseits die Reaktion darauf, dass ich zu tief ins Glas geguckt hatte, aber andererseits auch auf das Bewusstsein zurückzuführen, dass man mir mein gesamtes Geld gestohlen hatte und ich außer der kleinen Unterstützung von D. den ganzen Monat nichts zum Leben hatte. Mein Stimmungsbarometer war wieder ganz weit unter den Nullpunkt gesunken. In dieser misslichen Situation haderte ich mit Gott und wollte nicht verstehen, warum es nötig war, mir wiederum eine schmerzliche Lektion erteilen zu müssen. Doch wer an Gott glaubt und ihn kennt, der weiß, dass er uns niemals fallen lässt, ohne ein Netz zu spannen. Das wurde mir deutlich vor Augen geführt, als mir von Dr. St., dem Leiter des Freizeitclubs angeboten wurde, dass ich den Unkostenbeitrag für Speis und Trank erst bezahlen müsse, wenn ich wieder „flüssig" wäre. Zudem floss mir innerhalb kurzer Zeit Geld in Form einer Gehaltsnachzahlung aus Deutschland zu. Durch diese glückliche Fügung des Schicksals war ich in der Lage, die fälligen Miet- und Heizkosten zu berappen und meine Schulden im Club zu bezahlen. Das gab mir wieder großen Auftrieb und ich fühlte mich auf den Schwingen meiner Schutzengel sicher getragen.

Wenn „sie" mir nicht so gefehlt hätte, wäre alles im Lot gewesen, doch D. ging mir nicht aus dem Kopf. Jedes Mal, wenn im Harmoganaclub die Tür aufging, hoffte ich inbrünstig, dass die von mir ersehnte Frau hereinkäme, doch ich wurde immer wieder enttäuscht. Lange hielt ich diesen Zustand nicht aus und ich beschloss, bei dem Unternehmen, bei dem D. arbeitete, anzurufen. Mein Herz schlug mir bis zum Hals, als ich ihre Stimme hörte. Trotz des Arbeitsdruckes, der auf ihr lastete – das war dem Telefonat eindeutig zu entnehmen – konnte ich ein paar Sätze mit ihr sprechen. Mir kamen die Worte, die ich ihr sagen wollte, nicht über die Lippen. Ich genoss es jedoch, ihre Stimme zu hören. Es tat mir sehr wohl, doch sie hatte wenig Zeit. Nach dem Gespräch stand für mich fest, dass ich diese Frau ganz für mich gewinnen wollte. Es war, das wusste ich wohl, ein schwieriges Unterfangen, doch ich ließ nicht locker. Ich rief fast täglich bei D. an und fasste schließlich den Mut, sie zu einem Treffen zu bitten. Erst hatte D. viele Ausreden parat, aber letztendlich gab sie meinem Drängen nach.

Endlich war der langersehnte Tag X da, an dem unser Rendezvous stattfinden sollte. Ich nahm mir besonders viel Zeit, um mich zurechtzumachen, und betrachtete mich immer wieder im Spiegel, um zu prüfen, ob ich für meine Traumfrau gut genug aussah. Wie verändert meine Selbstwahrnehmung plötzlich war! Im Grunde wusste ich zwar, dass ich ein gutaussehender Mann war, doch plötzlich stiegen in mir Zweifel hoch.

Wir waren im Zentrum von Salzburg verabredet. D. hatte vorgeschlagen, einen Spaziergang zu machen. Das war mir zwar alles andere als angenehm, doch ihr zuliebe hätte ich fast alles in Kauf genommen. Es war ein kalter Tag im März, und als ich mit dem Bus zum vereinbarten Treffpunkt fuhr, ließ es Petrus wie aus vollen Eimern schütten. Ich hatte keinen Schirm bei mir und rettete mich rasch unter das Dach einer Würstelbude, nachdem ich mein sicheres Gefährt verlassen hatte. Als D. ankam, war sie auch schon durchnässt, trotzdem fand ich, dass sie fabelhaft aussah. Die Wiedersehensfreude war – zumindest meinerseits – riesig. Aber auch D. schien glücklich, was mir großen Auftrieb gab. Der Wettergott war mir auch entgegengekommen, denn an einen Spaziergang war unter diesen Bedingungen nicht zu denken. Es schien das Gebot der Stunde zu sein, einen wärmeren Ort aufzusuchen, um dort einen guten Tee zu uns nehmen zu können. Ich konnte meine Freude kaum verhehlen, als mich D. in ihr Zuhause einlud.

Sie führte mich in einen gemütlichen Wohnraum, der mit einem Kaminofen beheizt war. Dieser verbreitete wohlige Wärme, die wir beide an diesem kalten Märztag vermisst hatten. Vom ersten Augenblick fühlte ich mich in dieser behaglichen Atmosphäre geborgen und träumte von einem Daheim, das ich niemals richtig besessen hatte. Die Konversation floss nur so dahin, ja wir spürten von Anfang an, dass wir verwandte Seelen waren. Wir fanden heraus, dass dieselben grundlegenden Glaubenssätze für unser Denken Bedeutung hatten, besonders der Respekt vor allen Wesen der Schöpfung und der Schutz derjenigen, denen nicht ein Platz an der Sonnenseite des Lebens zuteilgeworden war. Auch banale Dinge schienen plötzlich von großer Wichtigkeit zu sein und es bereitete mir Vergnügen, mit D. über Gott und die Welt zu plaudern. Wir bemerkten gar nicht, wie die Zeit verging, so sehr nahm uns die Intensität unserer Gespräche gefangen. Nur an der Menge der verbrauchten Teebeutel ließ sich erahnen, wie lange wir nun schon beisammen waren. Draußen war es schon dunkel geworden, und erst als mir D. etwas zu essen anbot, merkte ich, dass ich Hunger hatte. Die Mahlzeit war zweifelsohne köstlich, doch ich glaube, auch wenn mir meine Gastgeberin nur trockenes Brot gegeben hätte, wäre es für mich ein Festessen gewesen.

Langsam schien für D. die Zeit gekommen zu sein, zu der ich mich wohl verabschieden sollte. Ich merkte es an ihren subtilen Andeutungen und Gesten. Mir jedoch stand der Sinn überhaupt nicht danach, mich aus dieser Oase der Geborgenheit verdrängen zu lassen. Anscheinend konnte ich mein Gefühl D. so authentisch vermitteln, dass sie mir ihre Couch im Wohnzimmer als Schlafplatz anbot. Ich fühlte mich so behaglich wie ein vor Nässe triefender Kater, der nach langem Herumirren in Nacht und Kälte einen warmen Platz auf der Ofenbank gefunden hatte.

Vor dem Einschlafen ließ ich noch einmal die Eindrücke des Tages Revue passieren und mein Entschluss stand felsenfest: Von hier würden mich keine zehn Pferde wegbringen!

Ich bin auf einiges stolz, was mir in der Vergangenheit gelungen ist, aber es war das Schönste für mich, bei D. bleiben zu dürfen. Ich stellte mir alles fantastisch vor und schwebte auf Wolke 7. Ich machte mir keine Gedanken, wie es meiner neuen Partnerin dabei ging – erst viel später erzählte sie mir, dass sie große Bedenken gehabt hätte, mit mir eine Beziehung zu beginnen. Vom Club wurde sie ihrer nebenberuflichen Tätigkeit als Betreuerin enthoben und sie musste sich manch Unangenehmes anhören. Es tat ihr natürlich auch Leid, dass sie sich nicht mehr der kleineren und größeren Sorgen der Besucher annehmen konnte, doch sie war stark und entschied sich für mich.

Nach langer Zeit, die mir wie eine halbe Ewigkeit vorkam – konnte ich A., meiner Vermieterin und guten Freundin endlich mitteilen, dass ich von nun an bei D. wohnen würde. Sie verstand das und wünschte mir alles Gute. Ich packte meine paar Habseligkeiten, die aus einigen Kleidungsstücken, wenigen persönlichen Sachen, aber dafür aus einer Unmenge von Medikamenten bestanden in eine alte Reisetasche und machte mich auf den Weg – in mein neues Zuhause.

In der Anfangsphase unserer Zweisamkeit war ich von einer außergewöhnlichen Euphorie beseelt. Mir schwebte vor, ab nun ein Leben wie im 7. Himmel führen zu können. Doch schon bald holte uns die Realität ein. Ich musste mir eingestehen, dass meine Operationen und der komplizierte Krankheitsverlauf schwere körperliche und auch geistige Defizite hinterlassen hatten. Wenn D. zur Arbeit gefahren war, kam meine Hilflosigkeit zutage. Es war mir nicht möglich, allein zu baden oder zu duschen, Mahlzeiten zuzubereiten, geschweige denn einkaufen zu gehen. Schnürschuhe besaß ich schon seit Längerem nicht mehr, da ich nicht in der Lage war, diese zuzuknüpfen. Auch mein Kurzzeitgedächtnis war empfindlich beeinträchtigt. Ich konnte mich mehrmals nicht entsinnen, ob ich die Mittagstabletten, die mir D. schon am Morgen hergerichtet hatte, eingenommen hatte oder nicht. Außerdem zwangen mich oft heftige Kopfschmerzen, die mich vom Aufwachen bis zum Einschlafen verfolgten, zur Ruhe. So verbrachte ich die meiste Zeit im Bett. Ich konnte es kaum erwarten, bis meine Partnerin wieder zu Hause war. Paradoxerweise brachen für mich erst am Abend die Sonnenseiten des Tages an, dann nämlich wurde ich liebevoll gepflegt und gut verköstigt. Die Nahrung für die Seele waren unsere Gespräche, die niemals zu kurz kamen.

Auch die mir vom Hilfsdienst zur Seite gestellte Psychologin, Frau Mag.a J., begleitete mich weiter. Sie erkannte sofort, dass ich die normalen Anforderungen des Alltags nicht allein bewältigen konnte. Frau J. half mir, einen Antrag auf Zuerkennung von Pflegegeld auszufüllen und es dauerte nicht allzu lange, bis mir eine Vorladung zur Untersuchung beim Versicherer ins Haus flatterte. Zum festgesetzten Termin begleitete mich meine Psychologin und auch meine Freundin ließ es sich nicht nehmen, dabei zu sein. Mit gemischten Gefühlen betrat ich die Ordination des begutachtenden Arztes. Dieser versuchte sich zuerst mit Fragen, wie ich denn meinen Alltag bewältigen könne, ein Bild zu machen. Anscheinend erweckte ich bei Dr. R. aufgrund meiner Größe von 1,90 m und meines guten Ernährungszustandes den Eindruck, stark und stabil zu sein. Der Mann meinte, dass es für mich ein Leichtes sein müsse, freihändig auf einem Bein zu stehen. Er wollte meinen Ausführungen, dass dies für mich ein Ding der Unmöglichkeit sei, keinen Glauben schenken und ermutigte mich, die gewünschte Haltung einzunehmen. Nun kam das, was kommen musste. Ich geriet ins Schwanken und der ca. 1,65 m große Mediziner wollte mich stützen. Sein Gewicht hielt jedoch meiner Körperfülle nicht stand und unweigerlich kamen wir beide zu Sturz. Ich verspürte einen starken Schmerz im Kieferbereich, denn bevor ich zu Boden ging, knallte ich mit dem Gesicht auf die Kante des Bürotisches. Benommen lag ich am Boden und Dr. R., der als Erster wieder auf den Beinen war, versuchte nach allen Regeln der Kunst, mich zum Aufstehen zu bewegen. Auch setzte er all seine Kräfte ein, um mir beim Hochkommen behilflich zu sein – der Vorfall war ihm sichtlich peinlich.

Nach unzähligen Versuchen schafften wir es doch. Es war dem Mediziner unmöglich, das Geschehene zu vertuschen, denn ich musste auf eine Trage gehievt und vom Notarzt versorgt werden. Ich bekam eine Beruhigungsspritze und ein Mittel gegen die starken Schmerzen. Während mir meine Begleiterinnen Mut zusprachen, stob Dr. R. wie ein aufgescheuchtes Huhn von einer Seite zur anderen. Die Situation schien nicht ungefährlich und man beschloss, mich ins Krankenhaus zu bringen. D. durfte mich im Rettungswagen begleiten, Frau Mag.a J. fuhr mit ihrem Fahrrad zur Unfallchirurgie. Es wurden einige Hämatome diagnostiziert. Trotz alldem war ein ganzes Konsortium von Ärzten der Ansicht, dass ich in häusliche Pflege entlassen werden könne. Somit kam diese Causa für alle Beteiligten doch noch zu einem glimpflichen Ende. Für mich jedoch gestalteten sich die nächsten Tage alles andere als angenehm. Ich hatte noch stärkere Kopfschmerzen als bisher und empfand einen dumpfen Schmerz im Bereich der Halswirbelsäule. Nur sehr langsam konnte ich das Erlebte loslassen. Und der nächste Schock war schon vorprogrammiert: Exakt einen Monat nach meinem Untersuchungstermin wurde mir ein Bescheid zugestellt, der zum Inhalt hatte, dass mein Ansuchen auf Pflegegeld abgelehnt sei. Alle, die in meine Lebenssituation näheren Einblick hatten, konnten die Absage nicht verstehen. Auch ich selbst zweifelte stark an der gerechten Beurteilung meines Falles, zumal nur ein kurzes Gespräch und die missglückte Untersuchung meiner Mobilität der Ausschlag für die Entscheidung gewesen war, dass mir kein Zuschuss für Hilfe, die unbedingt nötig war, um mit den Anforderungen des täglichen Lebens zurechtzukommen, zustand. Vorerst schien es so, dass die Institution wieder am längeren Hebel saß, denn einen Anwalt zur Durchsetzung meiner Ansprüche zu konsultieren, überstieg bei Weitem meine finanziellen Möglichkeiten. Dennoch wollten wir eine solche Ungerechtigkeit nicht hinnehmen und in Begleitung von Frau Mag.a J. beschritt ich den Weg zur Arbeiterkammer.

Wir trugen die Fakten vor, und da diese auch nach Meinung der Experten eindeutig für mich sprachen, wurde mir ein kostenloser Rechtsbeistand in Aussicht gestellt. Zunächst galt es, gegen den Bescheid der Ablehnung des Pflegegeldes zu berufen. Dann folgte eine lange Zeit des Wartens.

Finanziell ging es mir eher schlecht als recht. Meine Partnerin half mir zwar, wo sie konnte, doch mit ihrem bescheidenen Gehalt konnte sie mir von der pekuniären Seite wenig unter die Arme greifen. Ohne ihre Unterstützung bei der Körperpflege, bei der Medikamenteneinnahme oder beim Einkaufen und Kochen wäre ich allein hilflos und auf ein Pflegeheim angewiesen gewesen. Gemeinsam schafften wir es, uns durch das Frühjahr und den Sommer „hinüber" zu retten, bis am 21. September des Jahres 2002 ein überraschender Anruf kam. Es meldete sich ein gerichtlich beeideter Sachverständiger, Dr. E., der seinen unmittelbaren Besuch ankündigte. In Anbetracht der schlechten Erfahrungen, die ich bei der letzten Untersuchung gemacht hatte, war es nicht verwunderlich, dass sich ein flaues Gefühl in meiner Magengegend breitmachte. Als der stattliche Mann eintrat, fühlten wir jedoch sofort, dass es sich bei ihm um eine äußerst objektive Person handelte, für die nur Fakten zählten. Ein Angebot zum Kaffee wurde freundlich aber bestimmt abgelehnt, Dr. E. begann sofort, die Wohnverhältnisse zu erheben. Sämtliche Räume wurden besichtigt und mittels Diktiergerät alles festgehalten. Dieser Vorgang nahm schon einige Zeit in Anspruch, der Löwenanteil ging jedoch für die Feststellung meines Gesundheitszustandes drauf. Herr Dr. E. hinterfragte sehr genau und band auch die Aussagen von D. in seine Informationssammlung ein. Der Pflegebedarf wurde exakt erhoben und der Sachverständige errechnete mittels Beurteilungsblatt einen monatlichen Gesamtaufwand. Er machte sich die Sache nicht leicht und bereicherte die festgehaltenen Fakten noch mit einer Fotodokumentation. Die Untersuchung, die mehrere Stunden gedauert hatte, war jedoch nur die Spitze des Eisberges von Dr. E.s Ermittlungen, die meiner Meinung nach mehrere Wochen in Anspruch genommen haben mussten. Der Gutachter ließ sich mit einer Vollmacht ausstatten, die es ihm erlaubte, in meine Akten, die meine zahlreichen Krankenhausaufenthalte dokumentierten, Einsicht zu nehmen.

Selbstverständlich besorgte er sich auch sämtliche Röntgenbilder, die in den Kliniken archiviert waren. Das Ergebnis war ein zehnseitiges Gutachten, das er der beklagten Partei vorlegte. Nach der Verhandlung mit gerichtlichem Urteil im Dezember 2002 erging dann der Bescheid, dass mein Anspruch auf Pflegegeld der Stufe 1 anzuerkennen sei. Letztendlich hatte die Gerechtigkeit doch gesiegt und ich war wieder mit dem tiefen Vertrauen verbunden, das von einer höheren Macht ausströmt. Alles schien sich wieder zum Positiven zu wenden. Die Zuerkennung des Pflegegeldes gestattete es, dass D. ihren Vollzeitjob aufgeben und sich viel intensiver um mich kümmern konnte. Sie arbeitete nur noch wenige Stunden und das war gut so, denn ich glaube, sehr viel länger hätte sie der Doppelbelastung nicht standgehalten.

Dennoch tat sich eine neue Situation für uns auf, die gemeistert werden wollte. Wir mussten beide lernen, die fast ständige Anwesenheit des jeweiligen Partners zu tolerieren. Das erforderte Verständnis und manchmal auch das Zurückstecken der eigenen Interessen. Ich glaube, wir schafften es, weil wir sehr seelenverwandt sind und sich der eine in den anderen einfühlen kann. Die kleineren und größeren Beziehungskrisen ließen uns reifen und verstärkten im Endeffekt die Liebe und Achtung vor einander.

Es gelang mir auch halbwegs, mit meinen chronischen Kopfschmerzen zu leben, doch eines Tages gesellte sich etwas sehr Unangenehmes dazu: Mehrere Zähne schmerzten empfindlich und ich wusste, dass eine unaufschiebbare Behandlung anstand. Es begann die Suche nach einem Arzt, dem die notwendigen Hilfsmittel zur Behandlung meines unfallgeschädigten Kopfes auch zur Verfügung standen. Die riesigen Schrauben, die an meinem Schädel fixiert sind, machen viele der Kopfbewegungen, wie der Zahnarzt sie nun einmal vom

Patienten verlangen muss, unmöglich. D. informierte sich bei verschiedenen Doktoren, doch die meisten mussten ablehnen, weil die Praxis nicht entsprechend ausgestattet war oder weil ihnen das Risiko zu hoch war. Nach langer Odyssee lud mich der renommierte Arzt Dr. Vogl zu einem Vorgespräch ein. Der Zahnarzt hörte sich meinen Krankheitsverlauf aufmerksam an und nahm sich auch die Zeit, meine Befunde, die mittlerweile schon eine dicke Mappe füllten, eingehend zu studieren. Dr. Vogl wog alles sorgfältig ab und kam zu dem Entschluss, dass er die anstehende Wurzelbehandlung nur im – mit allen technischen Möglichkeiten ausgestatteten – St.-Johanns-Spital durchführen könne. Ein Überstrecken meines Kopfes, das die Narkose abverlangte, bedeutete Lebensgefahr. Deshalb müsse für allfällige Komplikationen vorgesorgt sein, meinte der umsichtige Arzt. Wie schon so oft war ich wieder „zufällig" in von Gott gesegnete Hände geraten. Mit einer für den Arzt einträglichen Zusatzversicherung konnte ich natürlich nicht aufwarten. Doch das war für ihn überhaupt nicht ausschlaggebend, für die Gesamtbehandlung wurden mir keine Zusatzkosten verrechnet. Dr. Vogl organisierte mit den Ärzten des Spitals einen Operationstermin und suchte eine Vertretung für die Zeit, die er im Krankenhaus verbrachte. Gemeinsam mit OA Dr. Sch. wurde die notwendige Behandlung durchgeführt, die Gott sei Dank komplikationsfrei verlief. Am Abend nach dem vorgenommenen Eingriff besuchte mich mein Wohltäter noch im Krankenzimmer und erkundigte sich nach meinem Befinden. Es ging mir gut, dank der Barmherzigkeit, die Gott immer wieder aussendet und auf seine Helfer auf Erden überträgt.

Mit diesem schönen Beispiel an gelebter Mitmenschlichkeit möchte ich mein Buch zu Ende bringen. Ich bin für all die Höhen und Tiefen dankbar, die ich durchleben durfte. Ich bin zu der Einsicht gekommen, dass es auch weiterhin Tage geben wird, die trüb und grau sind. Aber ich weiß: Auch über der dunkelsten Wolkendecke scheint immer die Sonne und es ist nur eine Frage der Zeit, wann sie für alle wieder zu sehen ist. Wir sind niemals ganz allein, das dürfen wir nicht vergessen, ja unsere höhere Macht trägt uns mit einem Heer von Engeln durch die gefährlichsten Abgründe. Um das zu spüren, müssen wir nur unsere Augen und vor allem unser Herz öffnen.

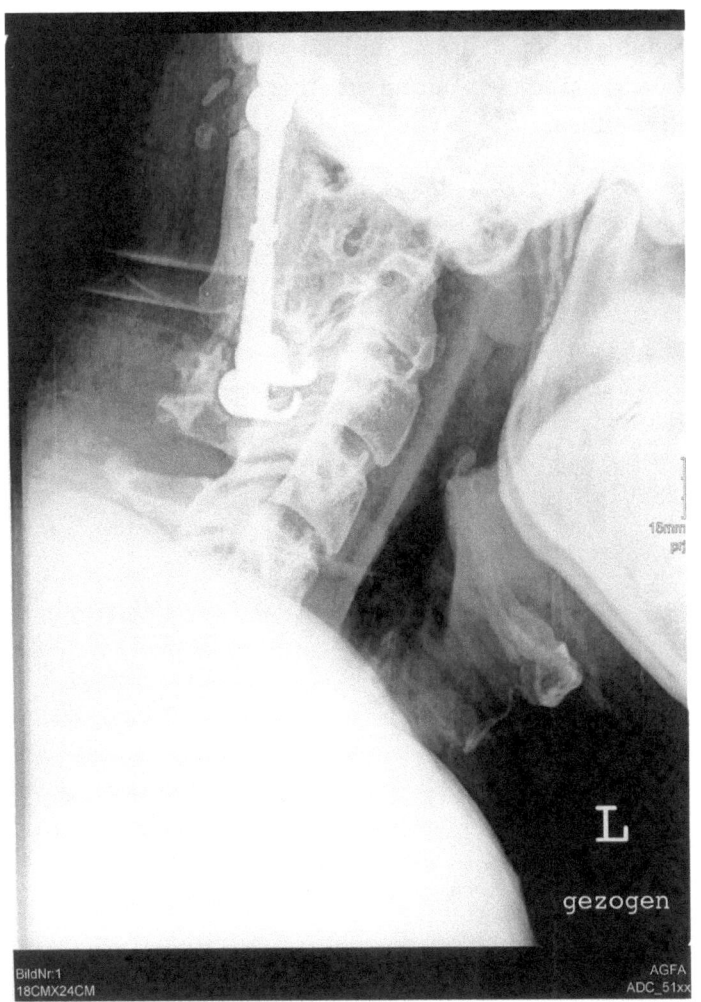

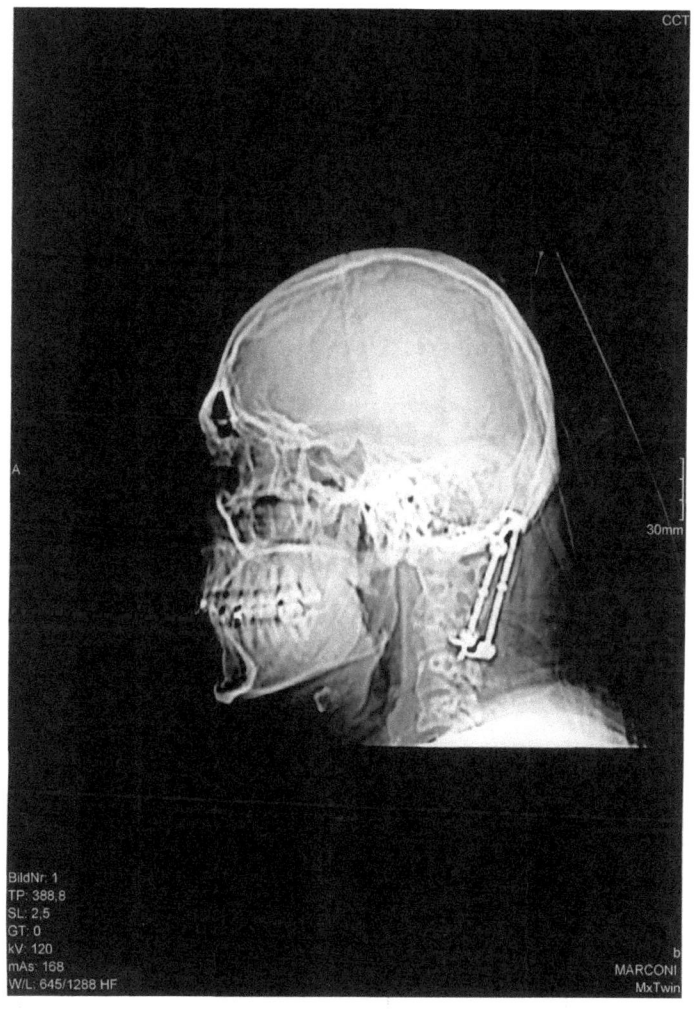

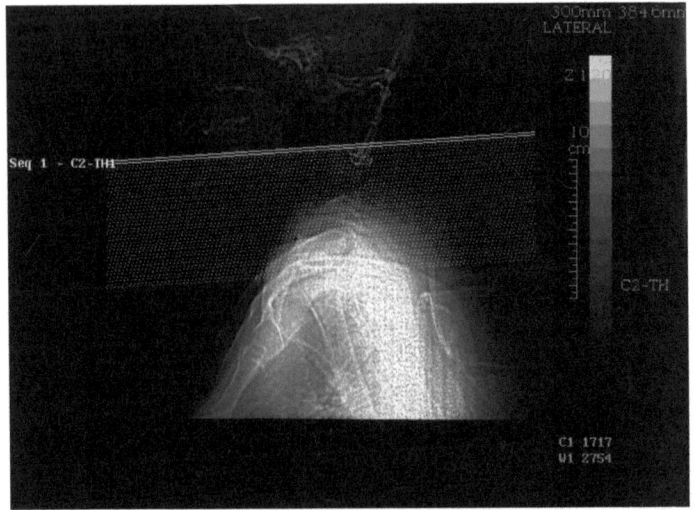

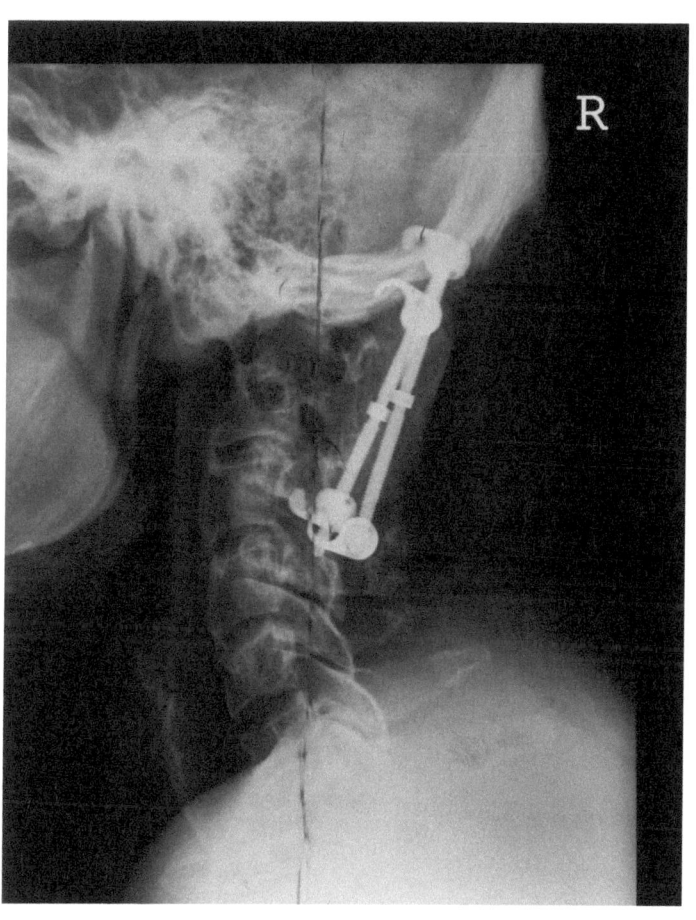

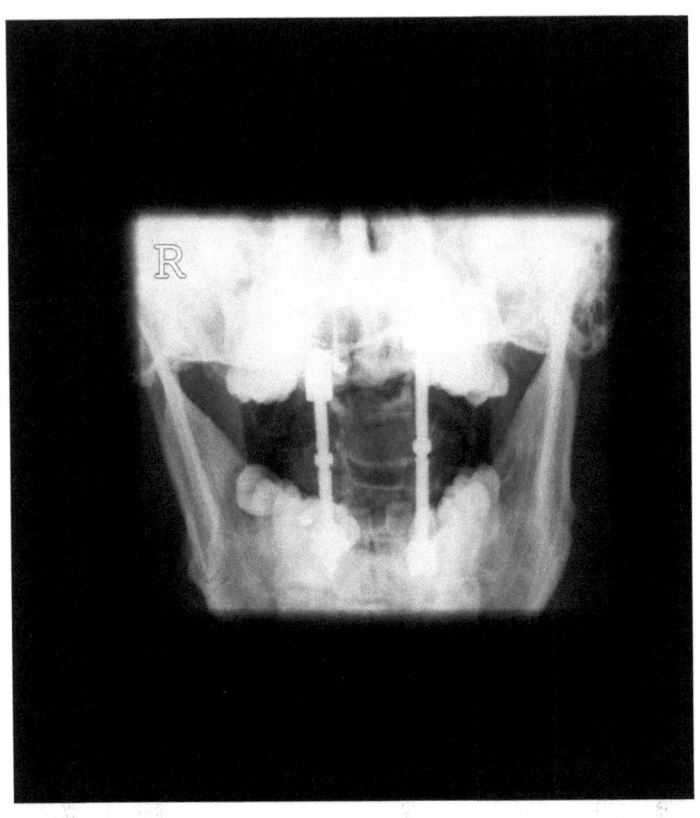

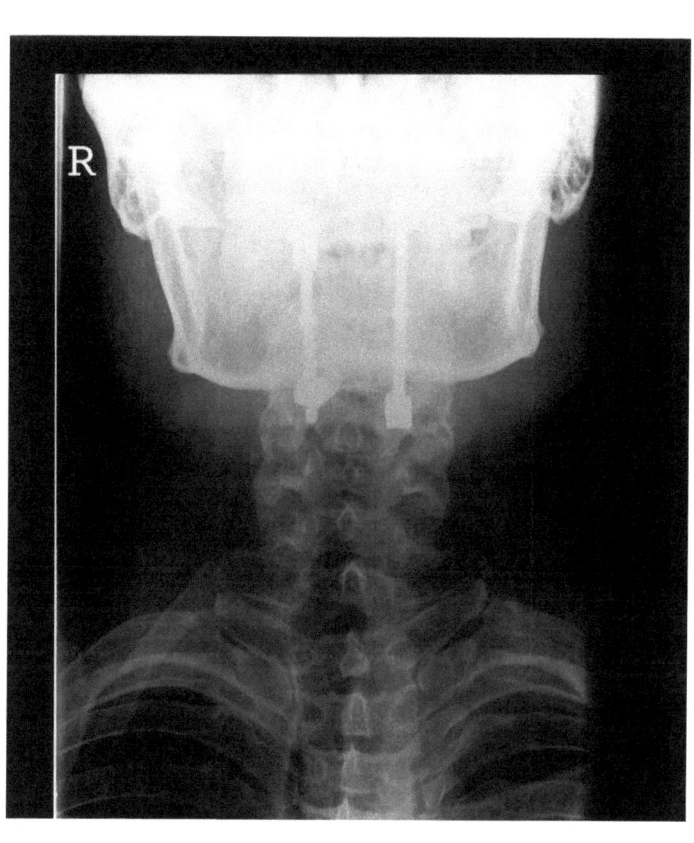

Die Autorin

Antonia Montenegro lebt in Salzburg und hat zwei erwachsene Kinder. Sie engagiert sich aktiv im Tierschutz, vor allem in Spanien, und sie liebt es, immer Neues zu lernen. Da sie ein sehr empathischer Mensch ist, kann sie sich gut in alle Lebewesen hineinversetzen. Über sich selbst sagt sie: „Ich bin ein alter Apfelbaum: Fest verwurzelt, aber mit sanftem Charme, der immer wieder verzaubert."

Ihr Lebensmotto lautet: „Jeden Tag meinen Beitrag leisten, damit diese Welt für die Menschen, Tiere und Natur ein bisschen schöner wird."

novum VERLAG FÜR NEUAUTOREN

Der Verlag

*Wer aufhört
besser zu werden,
hat aufgehört
gut zu sein!*

Basierend auf diesem Motto ist es dem novum Verlag ein Anliegen neue Manuskripte aufzuspüren, zu veröffentlichen und deren Autoren langfristig zu fördern. Mittlerweile gilt der 1997 gegründete und mehrfach prämierte Verlag als Spezialist für Neuautoren in Deutschland, Österreich und der Schweiz.

Für jedes neue Manuskript wird innerhalb weniger Wochen eine kostenfreie, unverbindliche Lektorats-Prüfung erstellt.

Weitere Informationen zum Verlag und seinen Büchern finden Sie im Internet unter:

www.novumverlag.com